SPANISH SUPPLEMENTS

TO ACCOMPANY

SOCIOLOGY AND YOU

BY

JEFF MORGENSTEIN

LAND O'LAKES HIGH SCHOOL
LAND O'LAKES, FLORIDA

 Glencoe
McGraw-Hill

New York, New York
Columbus, Ohio
Chicago, Illinois
Peoria, Illinois
Woodland Hills, California

Glencoe/McGraw-Hill

A Division of The McGraw·Hill Companies

Send all inquiries to:
Glencoe/McGraw-Hill
8787 Orion Place
Columbus, OH 43240-4027

ISBN 0-07-829921-7

Printed in the United States of America.

4 5 6 7 8 9 10 108 07 06 05 04

Contents

Capítulo 7

Capítulo 8

Capítulo 9

Capítulo 10

Capítulo 11

Capítulo 12

Capítulo 13

SPANISH SUPPLEMENT   iv

Capítulo 1

ANÁLISIS DE LOS OBJETIVOS DEL APRENDIZAJE

Indicaciones: Responda las siguientes preguntas según las lecturas del capítulo. Debe escribir todas las respuestas en inglés.

1. ¿Cómo afecta una concepción del criterio convencional a su concepción de la sociología?

    _____

    _____

    _____

    _____

2. ¿Qué es sociología?

    _____

    _____

    _____

3. ¿En qué se diferencia la perspectiva sociológica de la perspectiva psicológica?

    _____

    _____

    _____

    _____

    _____

4. ¿Por qué les interesan las muestras a los sociólogos?

    _____

    _____

    _____

    _____

    _____

5. Explicar cómo utilizó Emile Durkheim el bronce para ilustrar la suposición sociológica que no se puede predecir el comportamiento de un grupo basándose en el conocimiento de cada miembro como individuo.

_____

_____

_____

_____

6. ¿Cómo puede influir en su vida si utiliza su imaginación sociológica, término introducido por C. Wright Mills?

_____

_____

_____

_____

7. ¿Quién es el padre de la sociología, y por qué se le reconoce como tal?

_____

_____

_____

_____

_____

8. ¿Cuál es la diferencia entre estática social y dinámica social?

_____

_____

_____

_____

9. ¿Por qué se le considera a Martincau como a una persona importante en el origen de la sociología?

_____

_____

_____

· ·

10. ¿Cómo utilizó Herbert Spencer el cuerpo humano para explicar el funcionamiento de una sociedad?

_____

_____

_____

11. ¿Cómo se refleja la teoría de la evolución de Charles Darwin en la teoría del cambio social llamada Darwinismo Social ?

_____

_____

_____

_____

12. ¿Cómo influyen las ideas de Karl Marx, quien no se considera sociólogo, en el campo de la sociología?

_____

_____

_____

_____

_____

13. ¿Cuál es la diferencia entre solidaridad mecánica y orgánica?

_____

_____

_____

_____

14. ¿Qué revelaron las estadísticas de suicidio de Durkheim sobre el comportamiento social humano?

_____

_____

_____

_____

15. ¿Cuál fue la contribución de Max Weber a la investigación sociológica?

_____

_____

_____

_____

16. Hacer un resumen breve del desarrollo de la sociología en los Estados Unidos.

_____

_____

_____

_____

17. ¿Cuáles fueron las contribuciones de los primeros sociólogos norteamericanos Hane Addams y W.E.B. DuBois?

_____

_____

_____

_____

18. Nombrar las tres perspectivas teóricas principales en la sociología actual?

_____

_____

_____

19. ¿Cómo dividió las funciones Robert Merton?

_____

_____

_____

20. ¿Cuál es la mejor perspectiva teórica para emplear en la sociología, y por qué?

_____

_____

_____

KEY POINTS

LOS PUNTOS PRINCIPALES

Section 1 – The Sociological Perspective

At a basic level, sociology is the study of human social behavior. On a higher level, sociology is the scientific study of social structure. The sociological perspective views human behavior on the group level, not from the level of the individual. In order to explain human behavior, sociologists look for social reasons to say how categories of people act.

People act in predictable ways when they are in organized groups. The patterns of behavior that we see in group interaction is called social structure.

Individuals have certain characteristics and patterns of behavior. When individuals are part of a group, they adopt characteristics of the group. The group's characteristics may be very different from those of the individuals that make up the group. Individual members conform to the patterns of the group.

Sociological imagination is the ability of individuals to see the relationship between events in their personal lives and events in their society. A person can use his sociological imagination to understand the effects of events on his daily life. If a person uses his sociological imagination, he can question conventional social wisdom—the things that people assume to be true about their society.

Section 2 – The Origins of Sociology

In the late 1800s, there were great changes in Europe. Revolution and industry transformed society. Intellectuals struggled with ideas to bring back a sense of community to Europe. These were the first sociologists. Later, Americans would become very active in the development of sociology.

In France, Auguste Comte wanted to use scientific observation and experimentation to

Sección 1 – La Perspectiva Sociológica

Al nivel básico, la sociología es el estudio de la conducta social humana. Al nivel superior, la sociología es el estudio científico de la estructura social. La perspectiva sociológica examina la conducta humana al nivel del grupo, no al nivel del individuo. Para explicar la conducta humana, los sociólogos buscan las razones sociales para decir cómo las categorías de personas se comportan.

Las personas se comportan en maneras predecibles cuando están en grupos organizados. La estructura social es el estilo de conducta que vemos en la interacción del grupo.

Los individuos tienen ciertas características y modelos de conducta. Cuando los individuos participan un grupo, ellos adoptan las características del grupo. Las características del grupo serán muy diferentes de las de los individuos que constituyen el grupo. Los miembros individuales conforman a los modelos del grupo.

La imaginación sociológica es la capacidad de individuos a ver la relación entre los eventos de su vida personal y los eventos de la sociedad. Se puede emplear la imaginación sociológica para entender los efectos de eventos en su vida diaria. Si una persona usa su imaginación sociológica, puede poner en duda las condiciones corrientes—las ideas sobre la sociedad que se cree ser verdad.

Sección 2 – Los Orígenes de la Sociología

Cerca del fin del siglo 19, había muchos cambios en Europa. La revolución y la industria transformaban la socicdad. Los intelectuales lucharon con las ideas para devolverle un sentido de comunidad a Europa.

study social behavior. He used ideas that he was sure of in his studies. This was called positivism. He studied social order, called social statics, and he studies changes in society, called social dynamics. He wanted to use his knowledge to improve society.

In England, Harriet Martineau translated Comte's work into English, improved methods of research in sociology, and studied the connection between slavery and the oppression of women. She studied the role of women in American society and said that American women had a lower place in society. She is considered to be an early feminist.

Herbert Spencer was from England. He believed that all parts of society interacted in a natural way. He did not want people or governments to interfere with this natural process. He opposed social reform programs. Spencer's theory of natural social change is called Social Darwinism. It said that the changes in society happen slowly and naturally. He said that the theory of Natural Selection works in society to guarantee the survival of the fittest.

In Germany, Karl Marx wrote about the poverty of the working class. He believed that social scientists should make a strong effort to change the world. Marx believed that one day, we would see only two classes of people—the rich owners of industries and the poor workers. The owners were called "the bourgeoisie," and the workers were called "the proletariat." Marx predicted that there would be a class conflict between the owners and the workers. Finally, the workers would win and share the wealth of the society equally. Marx said that social revolutions would make this change happen faster.

Max Weber, a 20th century German sociologist, wrote that human beings act on the basis of their own understanding of a situation. Sociologists must discover the personal meanings, values, beliefs, and attitudes that are the foundation of human social behavior. Weber identified rationalization as the new way that the industrialized world created change. Scientific knowledge and facts are used to explain the need for changes.

Esta gente fue los primeros sociólogos. Después, los norteamericanos se pusieron muy activos en el desarrollo de la disciplina de sociología.

En Francia, Auguste Comte quiso usar la observación científica y la experimentación para estudiar la conducta social. En sus estudios, él usó las ideas de que él sabía. Este es el positivismo. Comte estudió el orden social—las estáticas sociales—y estudió los cambios en la sociedad – la dinámica social. Él quiso usar su base de conocimiento para mejorar la sociedad.

En Inglaterra, Harriet Martineau tradujo el trabajo de Comte en inglés, ella mejoró los métodos de investigación en la sociología, y estudió la conexión entre la esclavitud y la opresión de mujeres. Ella estudió el papel de mujeres en la sociedad estadounidense, y dijo que las mujeres norteamericanas tenían una posición social baja. Se considera que ella es una feminista original.

Herbert Spencer, de Inglaterra, creyó que todas las partes de la sociedad interactúan de una manera natural. Dijo que las personas ni los gobiernos no deberían interponer con este proceso natural. Él opuso los programas de reforma social. La teoría de Spencer de este cambio social y natural viene de la teoría de "Social Darwinism." La teoría dice que los cambios en la sociedad ocurren despacio y naturalmente. La teoría de la Selección Natural funciona en la sociedad para garantizar que los fuertes sobrevivirán.

En Alemania, Karl Marx escribió en el tema de la pobreza de la clase obrera. Él creyó que los científicos sociales deben cambiar el mundo. Marx creyó que un día, el mundo industrial tendría sólo dos clases de personas— los dueños ricos de compañías y los obreros pobres. Los dueños se llaman "la burguesía," y los obreros se llaman "el proletariado." Marx predijo que vendría un día un conflicto enorme entre los dueños y los obreros. Por fin, los obreros ganarían y compartirían la riqueza de la sociedad en porciones iguales. Marx dijo que las revoluciones sociales producirían más pronto este cambio.

Max Weber, un sociólogo alemán del siglo 20, escribió que los seres humanos se

The Frenchman, Emile Durkheim, compared the organization of pre-industrial societies—based on mechanical solidarity—with the organization of post-industrial societies—based on organic solidarity. Mechanical solidarity means that people conform to a set of traditional beliefs that are held by almost all members of the society. Organic solidarity means that people interact with each other because they need one another. Everyone has a special purpose in society and people's actions are based on social factors, not just psychological ones.

Jane Addams is known as the earliest American reformer. Addams worked with poor people and wanted to improve their lives. She saw industrial and government actions that were not fair to the poor. She worked to change these policies. Addams won the Nobel Peace Prize in 1931.

W.E.B. DuBois was an African-American educator and social activist. He worked to end the racial inequality that existed in the United States and around the world. DuBois' work tried to end the assumption that blacks were an inferior race. He studied the social structures of black communities in many cities and regions.

Section 3 – Theoretical Perspectives

Perspective is a set of beliefs or values that determine how a person interprets an image or an event. A theoretical perspective is a set of assumptions that are accepted to be true by groups of people. Different groups have different sets of assumptions. In sociology, there are three main theoretical perspectives.

Functionalism describes the contributions of each part of a society, such as family, economy, and religion. A change in one part of society makes a change in the other parts. When large changes happen to one part of society, the society will have other large changes until everything becomes stable again. Functionalism says that most people in the society agree on basic values.

There are two types of positive functions. The planned goals of a part of society are its manifest functions. The things that happen along with the planned goals (even though

comportan en base a su propio entendimiento de una situación. Los sociólogos deben descubrir los significados personales, los valores, las creencias, y las actitudes que forman la fundación de conducta social. Weber identificó que la racionalización era la nueva manera por la cual el mundo industrializado creó el cambio. La sociedad puede usar el entendimiento científico y los datos para explicar la necesidad por los cambios.

El francés, Emile Durkheim, comparó la organización de las sociedades preindustriales —basada en la solidaridad mecánica—con la organización de las sociedades postindustriales—basada en la solidaridad orgánica. La solidaridad mecánica significa que la sociedad hace una lista de creencias tradicionales que casi todos los miembros de la sociedad mantienen. La solidaridad orgánica significa que las personas interactúan porque ellos necesitan el apoyo de los otros. Todos tienen un propósito especial en la sociedad, y una persona basa sus acciones en factores sociales, no simplemente en factores psicológicos.

Se refiere a Jane Addams como la primera reformadora estadounidense. Addams trabajó con los pobres y quiso mejorar sus vidas. Ella creyó que la acción corporativa y gubernativa no fue justa a los pobres. Ella trabajó para cambiar estas políticas. Addams ganó el Premio Nobel en 1931.

W.E.B. Dubois fue un educador afroamericano y un activista social. Él trabajó para terminar la desigualdad racial que existía en los Estados Unidos y alrededor del mundo. El trabajo de DuBois intentó parar la asunción que la raza negra era inferior. Él estudió las estructuras sociales de comunidades afroamericanas en varias ciudades y regiones.

Sección 3 - Las Perspectivas Teoréticas

La perspectiva es un grupo de creencias o de valores que determinan la manera en que una persona interpreta una imagen o un evento. Una perspectiva teorética es un grupo de asunciones que se aceptan los grupos. Los grupos diferentes tienen asunciones diferentes. En la sociología, hay tres perspectivas teoréticas principales.

they were not part of the plan) are its latent functions. When negative things happen in a part of society, it is called dysfunction.

The conflict perspective is the opposite of functionalism. When a society is in conflict, the groups in the society do not agree on a basic set of values. Each group has its own set of beliefs and they compete against the other groups to promote their beliefs. As a group gains power, it promotes its system of beliefs through the society. Social change occurs when different groups get more powerful.

Symbolic interactionism focuses on the interactions among people in a group. This perspective says that groups exist because their members influence each other's behavior. People base their interactions on society's symbols that are understood by all participants. People learn what the symbols mean by seeing other people reacting to them. People behave in ways that are based on the symbols. Before people act, they use "internal conversations" to think through the situation and try to see how other people will react to their actions.

La perspectiva funcionalista de socialización describe las contribuciones de cada parte de una sociedad, como la familia, la economía, y la fe. Un cambio en una parte de la sociedad causa un cambio en las otras partes. Cuando los cambios grandes ocurren en una parte de la sociedad, la sociedad tendrá otros cambios grandes hasta que todo se ponga estable de nuevo. La perspectiva funcionalista dice que la mayoría de las personas en la sociedad está de acuerdo con las ideas fundamentales.

Hay dos tipos de funciones positivas. Las funciones manifiestas son los objetivos planeados por una parte de la sociedad. Las funciones latentes son los eventos que pasan a lo largo de los objetivos planeados (sin embargo, las funciones latentes no son parte del plan original). La disfunción es cuando algo negativo sucede en una parte de la sociedad,

La perspectiva de conflicto es el contrario de la perspectiva funcionalista. Cuando una sociedad está en conflicto, los grupos en la sociedad no están de acuerdo con ningún grupo de ideas básicas. Cada grupo tiene su propia lista de creencias y el grupo compite contra los otros grupos para promover sus ideas. Cuando un grupo llega a ser el más poderoso, promueve su sistema de creencias por todas partes de la sociedad. El cambio social ocurre cuando los grupos diferentes ganan más poder.

La perspectiva simbólico-interaccionista de la socialización enfoca en las interacciones entre las personas en un grupo. Esta perspectiva dice que los grupos existen porque sus miembros influencian la conducta de los otros. Las personas basan sus interacciones en los símbolos de la sociedad. Todos los participantes entienden estos símbolos. Las personas observan a otras personas para ver sus reacciones a los símbolos. En esta manera, ellos aprenden lo que significan los símbolos. Se comportan según la intención de los símbolos. Antes de que las personas actúen, ellos usan "las conversaciones internos" para pensar en la situación y para tratar de adivinar cómo otras personas reaccionarán a sus acciones.

Capítulo 1   PRÁCTICA DE VOCABULARIO

Indicaciones: Complete las oraciones empleando las palabras de la siguiente lista. Debe escribir todas las respuestas en inglés.

burguesía (bourgeoisie)
conflicto (conflict)
darwinismo (darwinism)
dramaturgia (dramaturgy)
disfunción (dysfunction)
funcionalismo (functionalism)
imaginación (imagination)
interaccionismo (interactionism)
oculto(a) (latent)
claro(a) (manifest)
mecánico(a) (mechanical)

orgánico(a) (organic)
perspectiva (perspective)
positivismo (positivism)
poder (power)
proletariado (proletariat)
sociología (sociology)
estática (statics)
estructura (structure)
símbolo (symbol)
comprensión (verstehen)

1. A los patrones de interacción entre las personas en una relación social se les denomina

   _____ social.

2. Su manera de ver algo es su _____.

3. Cuando un sociólogo usa observaciones y experimentación específicas para estudiar el

   comportamiento social, está usando un(a) _____.

4. El (la) _____ es el estudio científico de la estructura social.

5. Según Robert Merton, una función _____ es aquella que no se espera ni se

   reconoce.

6. Según Robert Merton, una función _____ es aquella que se espera y se

   reconoce.

7. Según C. Wright Mills, si es capaz de ver la relación que existe entre los acontecimientos

   en su vida y los acontecimientos en sociedad, está mostrando un(a) _____

   sociológico(a).

• •

8. El (la) _____ social significa estudiar la estabilidad y el orden social.

9. El (la) _____ social afirma que se debe permitir a cada individuo encontrar su propia clase social sin interferencias exteriores.

10. El (la) _____ fue el término de Karl Marx para señalar a aquellos que poseen los medios para producir riqueza.

11. El (la) _____ fue el término de Karl Marx para señalar a aquellos que trabajan para la burguesía y se les paga lo justo para sobrevivir.

12. La solidaridad _____ existió en tiempos preindustriales cuando había consensos generales acerca de los valores y las creencias.

13. Las sociedades industriales tienen una solidaridad _____, en la que existe una interdependencia social basada en los roles altamente especializados de los miembros de la sociedad.

14. Al hecho de comprender el comportamiento social de otras personas poniéndose en su lugar se le denomina _____.

15. Si tiene _____, posee la habilidad de controlar el comportamiento de otros.

16. Aquellos elementos de la sociedad que tienen consecuencias negativas conducen a _____.

17. El (la) _____ es la perspectiva teórica que enfatiza las contribuciones de cada parte de una sociedad.

18. A la perspectiva que enfatiza el conflicto, la competición, el cambio, y la represión dentro de una sociedad se le denomina como perspectiva _____.

19. Cualquier cosa que se escoge para representar algo más es un(a) _____.

20. El (la) _____ simbólico(a) afirma que el comportamiento de las personas frente a otras se basa en los símbolos mútuamente comprendidos.

21. El (la) _____ es un método que consiste en presentar a la interacción humana como una obra teatral.

Capítulo
1

PRÁCTICA DE REPASO

Verdadero o Falso: Decida si la oración es verdadera o falsa y escriba en los espacios en blanco T o F según sea el caso. Vuelva a escribir las oraciones falsas para que sean verdaderas. Debe escribir todas las respuestas en inglés.

_____ 1. Auguste Comte incentivó a las personas a utilizar la observación y la experimentación científica para estudiar el comportamiento social.

_____ 2. Los funcionalistas creen esto porque la sociedad es un todo integral, los cambios en una parte conducirán a cambios en otras.

_____ 3. Herbert Spencer no creyó en la reforma social porque pensaba que ésta interfería en el descubrimiento de las personas de su nivel de clase social.

_____ 4. Mover la cabeza de arriba abajo como respuesta a una pregunta es un ejemplo de un símbolo.

Múltiples alternativas: Escriba en los espacios en blanco la letra de la respuesta correcta. Debe escribir todas las respuestas en inglés.

_____ 5. ¿Qué alternativa describe mejor lo que quiere decir el término perspectiva sociológica?
a) examinar el comportamiento de las personas dentro de un nivel social
b) determinar la estática social y la dinámica social dentro de un grupo específico
c) cuestionar el criterio social convencional
d) examinar los desacuerdos entre grupos en una sociedad

_____ 6. La teoría _____ afirma que aquellos con mayor poder obtendrán lo más valioso de una sociedad.
a) interaccionismo simbólico
b) funcionalismo
c) perspectiva de conflicto
d) dramaturgia

_____ 7. Por lo general, en un juego de basketball las personas son más eufóricas y gritan más alto cuando están con un grupo de alborotadores, amigos ruidosos, que cuando están solos en el juego. ¿Qué alternativa describe mejor este comportamiento?
a) conformidad grupal
b) estática social
c) dinámica social
d) positivismo

• Copyright © by The McGraw-Hill Companies. • • •

_____ 8. Karl Marx pensaba que
a) es mejor dejar que los individuos busquen su propio nivel de clase social sin interferencias exteriores.
b) eventualmente, la gente trabajadora derrocaría a los capitalistas.
c) la burguesía gobernaría siempre al proletariado porque era más poderosa.
d) era imposible lograr una sociedad sin clases.

_____ 9. Aman trabaja cuarenta horas semanales en una oficina para ganar dinero para pagar sus cuentas. Su habilidad para pagar sus cuentas con su salario es una función _____ de su trabajo.
a) oculta
b) mecánica
c) simbólica
d) clara

_____ 10. Aman conoce a una joven en el trabajo y eventualmente se casan y tienen una familia. Esta es una función _____ de su trabajo.
a) clara
b) oculta
c) mecánica
d) simbólica

Respuestas cortas: Responda las siguientes preguntas escribiendo una o dos oraciones completas en una hoja aparte. Debe escribir todas las respuestas en inglés.

11. ¿Qué quiso decir Durkheim cuando dijo que las sociedades preindustriales se basaban en una solidaridad mecánica? ¿Qué ventaja cree que tiene la solidaridad mecánica? ¿Qué desventaja?

12. Asumir que una gran fábrica automovilística al medio oeste cierra. El siguiente año, el ingreso promedio de la ciudad disminuye $2,000. Su amigo afirma que este descenso se debe al cierre de la fábrica. ¿Es esto correcto? ¿Por qué o por qué no?

Capítulo 2
ANÁLISIS DE LOS OBJETIVOS DEL APRENDIZAJE

Indicaciones: Responda las siguientes preguntas según las lecturas del capítulo. Debe escribir todas las respuestas en inglés.

1. ¿Cuál es el objetivo de la investigación sociológica?

   _____

   _____

   _____

2. ¿Por qué los métodos de investigación de los sociólogos son diferentes a aquellos utilizados por la mayoría de los científicos?

   _____

   _____

   _____

   _____

3. ¿Qué es investigación cuantitativa?

   _____

   _____

   _____

4. Nombrar y describir las dos herramientas principales de la investigación cuantitativa que emplean los sociólogos.

   _____

   _____

   _____

   _____

   _____

• •

5. Describir los métodos de la investigación cualitativa que emplean los sociólogos.

_____

_____

_____

_____

_____

_____

6. ¿A qué concepto se refiere la siguiente cita del novelista Leo Rosten: "Si una explicación sólo se basa en una causa, seguramente es errada"

_____

_____

_____

7. Definir el término variable y explicar los cuatro tipos de variables.

_____

_____

_____

_____

_____

8. ¿Qué es una correlación? ¿Cuál es la diferencia entre una correlación positiva y una correlación negativa?

_____

_____

_____

9. ¿Por qué la existencia de una correlación no siempre indica una relación de causa y efecto?

_____

_____

_____

_____

• •

10. ¿Cuál es la diferencia entre causa y correlación?

_____

_____

_____

11. Enumerar las tres pautas para probar una relación causa-efecto

_____

_____

_____

_____

_____

12. ¿Cuál es el método científico?

_____

_____

_____

13. ¿Cómo se aplica actualmente el método científico en la investigación sociológica?

_____

_____

_____

14. ¿Cuál es el principal interés del Código de Etica (Code of Ethics) publicado por la American Sociological Association?

_____

_____

_____

15. ¿Cuáles son los cuatro pasos que debe dar un sociólogo para realizar una investigación ética?

_____

_____

_____

_____

KEY POINTS

LOS PUNTOS PRINCIPALES

Section 1 – Research Methods

Scientists conduct research to test hypotheses. From research, scientists can state facts and explain evidence. Sociologists use quantitative and qualitative research methods. Quantitative research uses numerical data that is collected using surveys and pre-collected data. Qualitative research uses descriptive data that comes from case studies.

Surveys are used to ask many people a series of questions. Scientists call the people who respond to a survey a population or a sample. A population consists of all the people who have the characteristics that the researcher is studying. A sample is a limited number of people from across the population. A sample is used for study since most populations are too large.

Questionnaires and interviews are the devices used to collect information from the sample. Closed-ended questions have a limited number of answers and the person selects one. Open-ended questions let the person to answer in his own words.

Sociologists can use data that was collected by others in their research. This pre-collected data often comes from government reports, voting lists, company records, prison records, and reports written by other sociologists. The census is an example of a government report that provides a great amount of sociological information.

Qualitative research has descriptive data instead of numerical data. By doing field research, sociologists study human behavior as it happens in its natural environment. Case studies are an investigation of an individual, group, event, or community. Sociologists apply what they learn in a case study to other situations that are similar. A special form of case study involves participant observation.

Sección 1 – Los Métodos de la Investigación

Los científicos llevan a cabo la investigación para probar las hipótesis. De la investigación, los científicos pueden declarar los datos y explicar la evidencia. Los sociólogos usan los métodos cuantitativos y cualitativos en sus investigaciones. La investigación cuantitativa usa datos numéricos que vienen de las encuestas y de los datos recogidos. La investigación cualitativa usa datos descriptivos que vienen de los estudios de casos prácticos.

Se usan los cuestionarios para preguntarles una serie de preguntas a muchas personas. Las personas que responden a un estudio son "una población," o "una muestra representativa." Una población consiste en todas las personas que tienen las características que el investigador estudia. Una muestra representativa consiste en un grupo de personas que representa el miembro típico de la población. Los científicos estudian una muestra representativa porque la mayoría de las poblaciones es tan grande.

Las encuestas y las entrevistas son los aparatos que los científicos emplean para coleccionar la información de la muestra. Las preguntas cerradas tienen una lista específica de respuestas y la persona tiene que seleccionar una. Las preguntas abiertas permiten que la persona pueda contestar en sus propias palabras.

Los sociólogos pueden usar datos que otras investigadores recogieron. Estos datos pre-coleccionados vienen a menudo de los informes del gobierno, de las listas de electores, de los registros corporativos, de los registros del cárcel, y de informes escritos por otros sociólogos. El censo es un ejemplo de un

The researcher becomes part of the group he is studying in order to learn about the group from inside.

Section 2 – Causation in Science

Scientists look for what causes events to happen. Causation says that event happen for predictable reasons in a predictable way. Social events happen for several reasons. Social scientists search for multiple causation —several factors that combine to cause an event. Each factor is called a variable.

A quantitative variable can be measured and given a numerical value. A qualitative variable indicates membership in a group— male or female, married or unmarried—people are either in a group or they are not.

An independent variable causes a change. Its effect is the dependent variable. Scientists study the independent variable and see what changes happen to the dependent variable. An independent variable can be time a student spends studying and the dependent variable could be the student's grades.

A correlation measures how things relate to each other. If the independent variable and the dependent variable both change in the same direction (they both either increase or decrease), there is a positive correlation. If the independent variable and the dependent variable each change in opposite directions (one increases while the other decreases), there is a negative correlation.

A scientist can say that there is a causal relationship between two variables if one variable causes the other to happen. There are three standards to determine causal relationships: (1) two variables must be correlated; (2) all other possible factors must be considered and eliminated; and (3) a change in the independent variable must happen before a change in the dependent variable can occur.

Section 3 – Procedures and Ethics in Research

Researchers use the scientific method to gather and test information. There are eight steps to this process. First, the researcher identifies a problem to study. Then he reviews

informe gubernamental que provee una gran cantidad de información sociológica.

La investigación cualitativa tiene los datos descriptivos en lugar de los datos numéricos. Por medio de la investigación, los sociólogos estudian la conducta humana como pasa en su ambiente natural. Los estudios de casos prácticos son investigaciones de un individuo, de un grupo, de un evento, o de una comunidad. Los sociólogos aplican lo que aprenden en los estudios de casos prácticos a otras situaciones que son similares. Una forma especial de estudio de casos prácticos incluye la observación de participantes. El investigador se pone parte del grupo que él está estudiando para aprender del grupo desde adentro.

Sección 2 – La Causalidad en la Ciencia

Los científicos buscan las causas de eventos. La causalidad dice que el evento sucede por las razones predecibles y de una manera predecible. Los eventos sociales ocurren por varias razones. Los científicos sociales buscan la causalidad múltiple—varios factores que combinan para causar un evento. Cada factor se llama una variable.

Es posible medir y dar un valor numérico a las variables cuantitativas. Una variable cualitativa indica que uno es miembro de un grupo—varón o hembra, casado o soltero— uno es miembro del grupo o no es miembro.

Una variable independiente causa un cambio. Su efecto es la variable dependiente. Los científicos estudian la variable independiente y se dan cuenta de qué cambios pasan a la variable dependiente. Un ejemplo de una variable independiente es el período de tiempo que un estudiante estudia y la variable dependiente es el éxito que él logra en los exámenes.

Una correlación mide hasta qué punto las variables se relacionan. Si la variable independiente y la variable dependiente cambian en la misma dirección (las dos aumentan o disminuyen), hay una correlación positiva. Si la variable independiente y la variable dependiente cambian en direcciones

the literature that tells him about previous learning about the topic. He forms a hypothesis which is a statement of what he wants to study that can be tested. The scientist develops a research design that is a list of steps he will use in doing the study. Then he collects data using surveys, questionnaires, and case studies. After analyzing the data, the researcher states his conclusions.

Sociologists follow the scientific method, but they also understand that when one does research with real people, they may not be able to do all parts of the scientific method. Also, social scientists must consider what types of studies are ethical. Work that is ethical protects the rights of the subjects being studied and does not expose them to harm.

The American Sociological Association has guidelines for ethical research: be objective, use excellent research standards, report the findings truthfully, and protect the rights, privacy and dignity of research subjects.

opuestas (una aumenta mientras la otra disminuye), hay una correlación negativa.

El científico puede decir que hay una relación causal entre dos variables cuando una ocasiona la otra. Hay tres normas que determinan las relaciones causales: (1) deben ponerse en correlación dos variables; (2) todos los otros factores posibles deben ser considerados y deben ser eliminados; y (3) un cambio en la variable independiente debe pasar antes de que un cambio en la variable dependiente pueda ocurrir.

Sección 3 – Los Procedimientos y la Ética en la Investigación

Los investigadores usan el método científico para recoger y para probar la información. Hay ocho pasos en este proceso. Al principio, el investigador identifica un problema para estudiar. Entonces, él repasa la literatura que le revela del aprendizaje sobre el tema. Él forma una hipótesis que es una declaración de lo que él quiere estudiar y de lo que él puede probar. El científico desarrolla un plan de investigación que consiste en una lista de pasos que él usará para llevar a cabo el estudio. Entonces, él usa estudios, encuestas, y estudios de casos prácticos para coleccionar datos. Después de analizar los datos, el investigador declara sus conclusiones.

Los sociólogos sí siguen el método científico, pero ellos también entienden que cuando uno experimenta con las personas vivientes, no puede seguir todas las partes del método científico. Además, los científicos sociales deben considerar cuáles son los tipos de estudios que son éticos. El trabajo que es ético protege a la gente y no la expone a ningún daño.

La Asociación Americana Sociológica tiene las pautas para la investigación ética: sea objetivo, use las normas excelentes de la investigación, informe verídicamente de los resultados, y proteja los derecho, el retiro y la dignidad de los sujetos de la investigación.

Capítulo 2

PRÁCTICA DE VOCABULARIO

Indicaciones: Escriba el término correcto para cada definición, poniendo una letra en cada recuadro. Las letras encerradas en los círculos formarán la respuesta a la pregunta que está al final de la práctica. Debe escribir todas las respuestas en inglés.

1. Una lista escrita de preguntas que responde el participante de una investigación.

☐☐☐☐☐☐☐☐☐☐◉☐

2. Un grupo de personas representa una población mayor.

☐☐☐☐☐◉

3. Una característica que refleja un cambio.

☐◉☐☐☐☐☐☐☐ ☐☐☐☐☐☐☐

4. Realizar una investigación empleando datos recolectados anteriormente.

☐☐☐☐☐☐☐◉☐ ☐☐☐☐☐☐☐☐

5. Se usa para investigar la vida social que no puede ser medida cuantitativamente.

☐☐◉☐☐ ☐☐☐☐☐☐☐

6. Un tipo de investigación de campo que implica un examen completo de un individuo o grupo.

☐☐◉☐ ☐☐☐☐☐

7. Una lista de preguntas que realiza un entrevistador capacitado que luego registra las respuestas.

☐☐☐◉☐☐☐☐☐

8. La creencia de que un acontecimiento conduce a otro.

□□□□□□□□Ⓞ

9. Un grupo de personas que comparte características identificables.

□□□□□□Ⓞ□□□

10. Toda característica que pueda medirse.

□Ⓞ□□□□□□□□ □□□□□□□

11. Una característica que no se puede medir pero que se define por su presencia o ausencia en una categoría.

□□□□□Ⓞ□□□□ □□□□□□□

12. Una característica que da origen a un acontecimiento específico.

Ⓞ□□□□□□□□□□ □□□□□□□

13. Un método de investigación cuantitativa que realiza preguntas a personas.

□□□Ⓞ□□

14. Una pregunta que debe responderse escogiendo de un número limitado de respuestas.

□□□□□Ⓞ□-□□□□□ □□□□□□□□□

PREGUNTA: Una muestra _____ refleja exactamente las características de una población como un todo.

RESPUESTA: □□□□□□□□□□□□□□□

Capítulo 2

PRÁCTICA DE REPASO

Verdadero o Falso: Decida si la oración es verdadera o falsa y escriba en los espacios en blanco T o F según sea el caso. Vuelva a escribir las oraciones falsas para que sean verdaderas. Debe escribir todas las respuestas en inglés.

_____ 1. Las respuestas para preguntas definidas son óptimas para revelar una amplia variedad de actitudes que las respuestas para preguntas indefinidas.

_____ 2. Por lo general, estudiar con ahínco tiene una correlación con salir bien en un examen.

_____ 3. Una correlación falsa se origina cuando una variable parece afectar a otra, pero, en realidad, es una tercera variable la que está afectando a ambas.

_____ 4. El primer paso al realizar una investigación es identificar el problema.

_____ 5. Una de las razones por la cual los sociólogos utilizan cuestionarios con frecuencia es porque es un método relativamente fácil y económico en la realización de una investigación.

Alternativas múltiples: Escriba en los espacios en blanco la letra de la respuesta correcta.

_____ 6. ¿Qué tipo de investigación utiliza un investigador que estudia el desarrollo del lenguaje en niños de 2 a 5 años de edad yendo a preescolares e interactuando con los niños?
   a) cuestionario
   b) entrevista
   c) estudio del caso
   d) observación del participante

_____ 7. Paula entrevistó a once personas centrándose en el tiempo que pasan jugando "videojuegos" cada semana. Los resultados son los siguientes:

   Persona 1: 0 horas   Persona 7: 0 horas
   Persona 2: 1 hora   Persona 8: 1.5 horas
   Persona 3: 2 horas   Persona 9: 2 horas
   Persona 4: 2.5 horas   Persona 10: 13 horas
   Persona 5: 1 hora   Persona 11: 0 horas
   Persona 6: 0 horas

   ¿Cuál es el modo?
   a) 0 horas
   b) 1 hora
   c) 2 horas
   d) 2.5 horas

• •

_____ 8. ¿Cuál es la mediana?
   a) 0 horas
   b) 1 hora
   c) 2 horas
   d) 2.5 horas

_____ 9. Cuando suma 6 tantos en el boliche y divide esta suma entre 6, está calculando el
   (la) _____.
   a) promedio
   b) modo
   c) correlación
   d) mediana

Respuestas cortas: Responda las siguientes preguntas con una o dos oraciones completas. Debe escribir todas las respuestas en inglés.

10. ¿Por qué se puede utilizar el análisis estático para datos cuantitativos pero no para datos cualitativos?

_____

_____

_____

_____

_____

11. Si no se puede realizar una investigación en una población completa, se debe realizar en una muestra representativa. ¿Qué quiere decir el término muestra representativa? ¿Por qué es importante que una muestra sea representativa?

_____

_____

_____

_____

12. Enunciar dos razones de por qué es importante para los sociólogos seguir un código de ética.

_____

_____

_____

_____

_____

22

Name _____ Date _____ Period _____

Capítulo 3

ANÁLISIS DE LOS OBJETIVOS DEL APRENDIZAJE

Indicaciones: Responda las siguientes preguntas según las lecturas del capítulo. Debe escribir todas las respuestas en inglés.

1. ¿Qué diferencia evidente se puede hacer entre el comportamiento de la mayoría de los animales y el comportamiento de la mayoría de los seres humanos?

    _____

    _____

    _____

    _____

2. ¿Cómo afecta la cultura al comportamiento social?

    _____

    _____

    _____

    _____

3. ¿Cómo afecta la herencia al comportamiento social?

    _____

    _____

    _____

    _____

4. ¿Cómo se relacionan el lenguaje y la cultura?

    _____

    _____

    _____

    _____

• © The McGraw-Hill Companies • • •

5. ¿Cuáles son los elementos principales de la cultura?

_____

_____

_____

6. ¿Cómo surge la diversidad cultural dentro de una sociedad?

_____

_____

_____

7. ¿Cuál es el papel del etnocentrismo en la sociedad?

_____

_____

_____

_____

_____

8. ¿Qué semejanzas se pueden encontrar en las culturas en todo el mundo?

_____

_____

_____

_____

9. ¿Por qué es más importante la cultura que el instinto al momento de determinar el comportamiento humano?

_____

_____

_____

_____

10. ¿Cómo examinan los sociólogos el comportamiento humano?

_____

_____

_____

24

● SPANISH SUPPLEMENT ● ● ● ● ● ●

11. ¿Qué puede aprenderse acerca de una cultura cuando se estudia su lenguaje y vocabulario?

_____

_____

_____

_____

12. ¿Cómo puede la lengua cambiar la percepción que tiene una persona del mundo?

_____

_____

_____

_____

13. ¿Cómo afectan las normas la manera en que vivimos nuestras vidas?

_____

_____

_____

14. ¿Qué beneficios se obtienen al estudiar culturas que no son la nuestra?

_____

_____

_____

15. Distinguir entre los tres tipos básicos de normas.

_____

_____

_____

_____

16. ¿Cómo se aprende y se acepta la conformidad a las normas?

_____

_____

_____

_____

• •

17. ¿Por qué son importantes los valores?

_____

_____

_____

_____

18. ¿Cuál es la diferencia entre cultura ideal y cultura real?

_____

_____

_____

19. ¿Cómo se relaciona la cultura material con la cultura no material?

_____

_____

_____

_____

20. ¿Cómo han cambiado los valores en los Estados Unidos durante los últimos veinte años?

_____

_____

_____

_____

KEY POINTS

Section 1 – Culture and Society

Culture consists of the knowledge, language, values, customs, and physical objects that are passed from generation to generation.

Society is a group of people who live in a defined territory and participate in a common culture. Culture is the society's "way of life."

People respond to the demands of the environment through instincts and cultural patterns. Through culture, humans apply the biological characteristics of heredity, reflexes, and drives to circumstances.

Sociobiology is the study of the biological basis of human behavior. It combines the theories of natural selection and modern genetics. Behaviors that contribute to the survival of humans are biologically based and transmitted through genetic code. Critics claim that human behavior is too complex to be explained on biological grounds alone. Genes work with elements of culture to shape the human identity.

Section 2 – Language and Culture

In order to learn and transmit culture, humans use symbols to create languages. Language is one factor that determines the way that people see reality.

The Sapir-Whorf Hypothesis (the hypothesis of linguistic relativity) states that our perceptions of the world depend—in part—on the language we have learned.

Since languages are different, speakers of various languages perceive things differently. In order to expand our understanding, we can expand our vocabulary or learn other languages.

Section 3 – Norms and Values

Norms are rules that define appropriate and inappropriate behavior. Norms explain

LOS PUNTOS PRINCIPALES

Sección 1 – La Cultura y la Sociedad

La cultura consiste en el conocimiento, el idioma, los valores, las costumbres, y los objetos físicos que se pasan de una generación a otra.

La sociedad es un grupo de personas que vive en un territorio definido y que participa en una cultura común. La cultura es "el estilo de vida" de la sociedad.

La gente responde a las exigencias del ambiente por medio de los instintos y de los modelos culturales. Por medio de la cultura, los seres humanos aplican los rasgos biológicos de herencia, de reflejos, y de tendencias a cualquier circunstancia.

La sociobiología es el estudio de la base biológica de la conducta humana. Combina las teorías de la selección natural y las genéticas modernas. Las conductas que contribuyen a la supervivencia de los humanos tienen una base biológica y han sido transmitido por medio del código genético. Los críticos dicen que la conducta humana es compleja y no es posible explicarla exclusivamente en termas biológicas. Los genes trabajan con los elementos de cultura para formar la identidad humana.

Sección 2 – La Lengua y la Cultura

Para aprender y transmitir la cultura, los seres humanos usan los símbolos para crear la lengua. La lengua es un factor que determina la manera en que una persona percibir la realidad.

La Hipótesis de Sapir-Whorf (la hipótesis de la relatividad lingüística) dice que las percepciones que un individuo emplea para entender el mundo dependen—en parte—en el idioma que él habla.

Debido a que los idiomas son diferentes, los habladores de varios idiomas perciben diferentemente los asuntos. Para extender el

why people in a group or society behave similarly in similar circumstances.

There are three categories of norms: folkways (customary ways of thinking and doing things), mores (conduct related to a moral sense of right and wrong), and laws (norms that a society formally defines and enforces by use of officials).

In order to enforce norms, society uses sanctions (rewards or punishments that encourage people to conform). Informal sanctions are applied by any member of the group. Formal sanctions are applied by chosen representatives of the group.

Values are general ideas that the society considers to be desirable attributes of people and civilization. Values form the foundation from which the more specific norms emerge.

Section 4 – Beliefs and Material Culture

Culture has two parts. Non-material culture involves beliefs, ideas, and knowledge; material culture involves the physical objects found within a culture (inventions, art, everyday objects). The cultural meaning of physical objects is based upon the beliefs, norms, and values people place upon them.

The way a society wants its people to behave and the actual way that the people behave is often different. There is a conflict between ideal culture and real culture when certain practices that violate the cultural guidelines happen a lot. Society only punishes extreme deviations from the ideal culture.

Section 5 – Cultural Diversity and Similarity

The norms, values, and beliefs of a culture are stable, but they change over time in response to certain processes.

Discovery is the process of finding something that already exists and giving it recognition and a place in the culture.

Invention is the creation of something new which is then given a place in the culture.

Diffusion is the borrowing of elements from other cultures and giving them a place in the culture.

entendimiento, es necesario que extendamos el vocabulario o que aprendamos otros idiomas.

Sección 3 – Las Normas y los Valores

Las normas son reglas que definen si la conducta sea apropiada o sea impropia. Las normas explican que las personas en un grupo o en una sociedad se comporta de igual manera en las circunstancias similares.

Hay tres categorías de normas: "folkways," o, las costumbres tradicionales es la manera de pensar y hacer las cosas, "mores," o, la moral es la conducta en el contexto de un sentido moral, y leyes son las normas que una sociedad define formalmente y les da fuerza por el uso de oficiales.

Para darles fuerza a las normas, la sociedad usa las sanciones – los premios o castigos que inducen que las personas conformen. Las sanciones informales están aplicadas por cualquier miembro del grupo. Las sanciones formales están aplicadas por los representantes oficiales del grupo.

Los valores consisten en las ideas generales que la sociedad considera ser los atributos deseables de la gente y de la civilización. Los valores forman la fundación de la que las normas más específicas surgen.

Sección 4 – Las Creencias y la Cultura Materialista

La cultura tiene dos partes. La cultura no materialista incluye las creencias, las ideas, y el conocimiento; la cultura materialista incluye los objetos físicos que existen dentro de una cultura (las invenciones, el arte, los objetos cotidianos). El significado cultural de los objetos físicos tiene su base en las creencias, en las normas, y en los valores que la cultura les da.

La manera en que una sociedad exige que la gente se comporta y la manera real en que la gente se comporta es, a menudo, diferente. Hay un conflicto entre la cultura ideal y la cultura real cuando ciertas prácticas que violan las reglas culturales se ponen bastante comunes. La sociedad sólo castiga las desviaciones extremas de la cultura ideal.

Within any culture are a variety of subcultures which are part of the main culture but which hold other norms, beliefs, or values which are different.

Counterculture is a subculture which deliberately and consciously opposes certain central beliefs, norms, or values of the main culture. It is defined by this opposition.

Ethnocentrism is the use of one's own culture as a standard for evaluating the behaviors of members of other cultures. Extreme ethnocentrism makes a culture feel superior to other cultures. This can prevent a society from growing and learning from other peoples.

Cultural universals are traits that exist in all cultures. They include family, raising children, music, housing, division of labor, and status differences. Cultural universals exist in order to help the society take care of itself, solve its problems, and pass on its guidelines to new generations.

Sección 5 – La Diversidad Cultural y la Similitud

Las normas, los valores, y las creencias de una cultura son estables, pero ellos cambian con el tiempo en reacción a ciertos procesos.

El descubrimiento es el proceso de encontrar algo que ya existe, y de darle el reconocimiento y un lugar en la cultura.

La invención es la creación de algo nuevo que en aquel tiempo recibe un lugar en la cultura.

La difusión es la obtención de elementos de otras culturas que reciben un lugar en la cultura.

Dentro de todas las cultura hay una variedad de subculturas que son partes de la cultura principal. Sin embargo, las subculturas mantienen otras normas, creencias, o valores que son diferentes de la cultura principal.

La contracultura es una subcultura que opone deliberadamente y conscientemente ciertas creencias o normas centrales de la cultura principal. Es posible definir una contracultura por esta oposición.

El etnocentrismo es el uso de su propia cultura en el papel de un universal para evaluar la conducta de los miembros de otras culturas. El etnocentrismo extremo le da a una cultura un sentido de superioridad hacia otras culturas. Ésto puede impedir el desarrollo y el aprendizaje de una sociedad.

Los universales culturales son rasgos que existen en todas las culturas. Incluyen la familia, criar a los niños, la música, el alojamiento, la división de tareas, y las diferencias del estado social. Los universales culturales existen para ayudarle a la sociedad cuidarse, resolver sus problemas, y pasarles sus reglas a las nuevas generaciones.

Capítulo 3

PRÁCTICA DE VOCABULARIO

Indicaciones: Complete las oraciones empleando las palabras de la siguiente lista. Debe escribir todas las respuestas en inglés.

tabú (taboo)
valor (value)
moro (more)
símbolo (symbol)
reflejo (reflex)
sanción (sanction)
creencia (belief)
subcultura (subculture)

global cultural (cultural universal)
impulso (drive)
cultura (culture)
etnocentrismo (ethnocentrism)
sociobiología (sociobiology)
ley (law)
sociedad (society)

1. El (la) _____ une las ideas de genética moderna con la teoría de Darwin acerca de la selección natural.

2. Un rasgo cultural que está presente en todas las culturas, como las normas de etiqueta, es un(a) _____.

3. Al segmento de una cultura que difiere de ésta en algún aspecto, de manera reconocible, se le conoce como un(a) _____.

4. Un(a) _____ es una norma que tiene un elemento moral que se espera sea respetado por los miembros de una sociedad.

5. Una regla muy exigente de comportamiento, que cuando es violada recibe un fuerte castigo, se denomina un(a) _____.

6. El (la) _____ se refiere a juzgar a otras personas y grupos según las normas y valores de la cultura que uno posee.

7. Un(a) _____ es algo que representa algo más.

••

8. Una idea acerca de qué clase de comportamiento es bueno y conveniente, compartido por las personas en una sociedad, es un(a) _____.

9. Un(a) _____ es un método que consiste en premiar o castigar a los individuos con el fin de incentivarlos a obedecer las normas.

10. Un(a) _____ es un territorio en el que vive un grupo de personas que comparte la misma cultura.

11. Cuando se define una norma formalmente y los oficiales, como los policías, hacen que se cumpla, se convierte en un(a) _____.

12. Una respuesta automática frente a un estímulo, como pestañear cuando una pelota va hacia usted, es un(a) _____.

13. Una idea acerca de la naturaleza de la realidad es un(a) _____.

14. El impulso heredado, como tomar algo cuando se tiene sed, se llama un(a)

_____.

15. El (la) _____ comprende las costumbres, el conocimiento, los valores y objetos físicos compartidos por miembros que pertenecen a una sociedad específica.

Name _____ Date _____ Period _____

Capítulo
3

PRÁCTICA DE REPASO

Verdadero o Falso: Decida si la oración es verdadera o falsa y escriba en los espacios en blanco T o F según sea el caso. Vuelva a escribir las oraciones falsas para que sean verdaderas. Debe escribir todas las respuestas en inglés.

_____ 1. Las sanciones informales pueden ser positivas o negativas, pero las sanciones formales siempre son negativas.

_____ 2. La cultura tiene dos lados: material y no material.

_____ 3. Los miembros de una sociedad específica pueden ser diseminados por todo el mundo pero comparten algunos valores y costumbres específicos.

_____ 4. La norma más estricta se llama tabú.

_____ 5. El protocolo es especialmente importante en aquellas culturas donde las personas viven y trabajan en habitaciones pequeñas, como en Japón.

Alternativas múltiples: Escriba en los espacios en blanco la letra de la respuesta correcta. Debe escribir todas las respuestas en inglés.

_____ 6. En muchas partes del mundo, las personas se sientan en el piso en vez de sentarse en sillas. Este es un ejemplo de un(a)
a) moro.
b) instinto.
c) reflejo.
d) costumbre.

_____ 7. ¿Cuál de las siguientes alternativas no es un valor básico que se conserva comúnmente en los Estados Unidos?
a) trabajar duro
b) ser eficiente y práctico(a)
c) darle poca importancia a las posesiones materiales
d) alcanzar el éxito

_____ 8. En West High, si no asiste al colegio cuatro veces en un semestre, desaprobará el curso. Esto es un ejemplo de un(a)
a) costumbre.
b) sanción formal.
c) sanción informal.
d) global cultural.

••

_____ 9. Los humanos nacen
     a) con instintos.
     b) teniendo moros.
     c) global cultural.
     d) sabiendo como hablar un idioma.

_____10. Un(a) _____ es un subgrupo que deliberadamente se opone a algunas
creencias importantes o a actitudes de la cultura dominante.
     a) sociedad
     b) cultura ideal
     c) moro
     d) contracultura

Respuestas cortas: Responda las siguientes preguntas con una o dos oraciones completas. Debe escribir todas las respuestas en inglés.

11. ¿Qué cree que pasaría si una sociedad no tuviera normas?

_____

_____

_____

_____

_____

_____

12. Enumerar tres ejemplos de global cultural.

_____

_____

_____

_____

_____

_____

_____

_____

Name _____ Date _____ Period _____

Capítulo **4**

ANÁLISIS DE LOS OBJETIVOS DEL APRENDIZAJE

Indicaciones: Responda las siguientes preguntas según las lecturas del capítulo. Debe escribir todas las respuestas en inglés.

1. Definir socialización.

_____

_____

_____

_____

_____

2. Discutir el papel que desempeña la socialización en el desarrollo humano.

_____

_____

_____

_____

_____

_____

3. Describir los efectos del aislamiento extremo en los niños.

_____

_____

_____

_____

_____

_____

_____

4. Nombrar las perspectivas teóricas más importantes en la socialización.

_____

_____

_____

_____

5. ¿Cómo explica la perspectiva funcionalista a la socialización?

_____

_____

_____

_____

6. ¿Cómo explica la perspectiva de confllicto a la socialización?

_____

_____

_____

_____

_____

7. ¿Quién desarrolló la perspectiva interaccionista simbólica? ¿Qué creencia bastante conocida fue cuestionada?

_____

_____

_____

_____

8. Nombrar los conceptos clave del interaccionismo simbólico que nos ayuda a entender la socialización.

_____

_____

_____

_____

_____

9. ¿Qué significa autoevaluación? ¿Cómo influyó en el desarrollo de esta idea la observación realizada a los niños?

_____

_____

_____

_____

10. ¿Cuál es el resultado del proceso de espejo?

_____

_____

_____

_____

_____

11. ¿Utilizamos a ciertas personas como espejo más que otros? Explicar.

_____

_____

_____

_____

12. ¿Cuán diferente es el papel a desempeñar en el proceso de espejo?

_____

_____

_____

_____

13. ¿Durante qué etapa del papel a desempeñar, la autoevaluación del niño depende menos de las personas y más de los conceptos generales? ¿Cómo se origina este hecho?

_____

_____

_____

_____

14. Analizar los roles de la familia, de la escuela, de los compañeros y de los medios masivos en la socialización entre los jóvenes.

_____

_____

_____

_____

_____

_____

_____

_____

_____

_____

_____

_____

_____

_____

15. ¿Cuáles son los cuatro procesos, establecidos por el interaccionismo simbólico, para la socialización de los adultos?

_____

_____

_____

16. Dar un ejemplo de la desocialización y el efecto que tienen en las personas.

_____

_____

_____

_____

_____

• SPANISH SUPPLEMENT

17. ¿Por qué el proceso de socialización anticipatoria no se da generalmente en las prisiones o en los nosocomios sino en los campos universitarios?

_____

_____

_____

_____

_____

_____

_____

_____

Chapter 4 — SOCIALIZATION

Capítulo 4 — LA SOCIALIZACIÓN

KEY POINTS

LOS PUNTOS PRINCIPALES

Section 1 – The Importance of Socialization

Socialization is the cultural process of learning to participate in group life. The social behavior of humans is learned; it is not totally natural. Socialization takes place throughout life. It permits people to fit into groups and to develop a personality.

The case studies of three children who were raised in isolation and under harsh conditions demonstrate that the personal and social development associated with being human is acquired through intensive and prolonged positive social contact with others.

Section 2 – Socialization and Self

The functionalist perspective of socialization emphasizes how groups such as schools and families work together to create a stable society.

The conflict perspective of socialization demonstrates how socialization maintains the status quo of social rank. People with an awareness of their rank in society rarely upset the class structure of society. They accept their position.

The symbolic interactionist perspective of socialization challenges the theory that a person's nature is biologically determined. In the early 1900s, Cooley and Mead explained socialization with several key ideas: the self-concept, the looking-glass self, significant others, role taking, and the generalized other.

Your self-concept is your image of yourself as being separate from other people.

The looking-glass self is an individual's idea of how other people see and evaluate him. Significant others—the people whose judgments are important to us—are the mirrors that we use in this evaluation.

Role taking allows us to take the viewpoint of another person and to respond to ourselves

Sección 1 – La Importancia de la Socialización

La socialización es el proceso cultural de aprender a participar en la vida del grupo. Los seres humanos aprenden la conducta social; esta conducta no ocurre naturalmente. La socialización tiene lugar a lo largo de la vida. Les permite a las personas conformar con los grupos y desarrollar una personalidad.

Los estudios de casos prácticos de tres niños que habían sido criados en el aislamiento y bajo las condiciones ásperas demuestran que una persona adquiere el desarrollo personal y social que están asociados con la identitdad humano a través de contacto social positivo, intensivo, y prolongado con otra gente.

Sección 2 – La Socialización y el Mismo

La perspectiva funcionalista de socialización da énfasis a la manera en que los grupos como las escuelas y las familias funcionan para crear una sociedad estable.

La perspectiva de conflicto de socialización demuestra cómo la socialización mantiene el statu quo de las clases sociales. Las personas con un entendimiento de su posición en la sociedad perturban raramente la estructura de las clases sociales. Ellos aceptan su posición.

La perspectiva simbólico-interaccionista de socialización desafía la teoría que postula que las fuerzas biológicas determinan el carácter humano. Durante las primeras décadas del siglo 20, Cooley y Mead explicaron la socialización con ciertas ideas importantes: el Concepto del Yo, el Yo Reflejado, los Otros Significantes, la Actuación, y el Otro Generalizado.

El Concepto del Yo—el concepto de sí mismo—es la imagen propia con la cual un individuo se define aparte de otras personas.

from this imagined viewpoint. We put ourselves in someone else's place and mentally interact with ourselves in an imagined situation. Children learn role playing through the imitation stage, play stage and game stage of their young life.

Mead divides the self into two parts: "I" and "me." "Me is the part created through socialization. "Me" is predictable and conformist. "I" is the part of the self that is unpredictable, spontaneous and creative.

Section 3 – Agents of Socialization

During childhood and adolescence, the main agents of socialization are family, school, peers, and the mass media.

The family teaches the child to speak, to think, to understand norms, beliefs, and ethics, to form interpersonal relationships, and to acquire a self-image. Rewards and punishments are based upon love.

In school, the child interacts with caring adults and other children. Rewards and punishments are based upon performance. School teaches independence and loyalty to something outside the family. Schools teach a hidden curriculum of discipline, order, cooperation, and conformity. With these, the child can become successful in the adult world.

Peer groups are not operated by adults. Children may belong to several peer groups. Children experience conflict, competition, and cooperation. By working with others who are different from them, children learn social flexibility. Peer groups have a powerful effect on human development.

The mass media are society's methods of communicating to a large audience and include newspapers, magazines, books, radio, television, movies, music, and the internet. The mass media give children images of achievement, success, activity and work, equality and democracy. They also give images of violence, aggression, and other negative behaviors.

Section 4 – Processes of Socialization

Socialization and change are life-long processes. Symbolic interactionism describes

El Yo Reflejado es la idea que un individuo mantiene de la imagen que otras personas tengan para verlo y evaluarlo. Otros significantes—las personas cuyos juicios nos importan—representan los espejos que nosotros usamos en esta autoevaluación.

La Actuación nos permite tomar el punto de vista de otra persona y respondernos a través de este punto de vista imaginario. Nos ponemos en el lugar de la otra persona y mentalmente interactuamos con nosotros mismos en una situación imaginaria. Los niños aprenden la actuación a través de la fase de imitación, y las fases de juego de su niñez.

Mead divide el Yo en dos partes: "El Yo" y "el Mí." Un individuo crea El Yo a través del proceso de la socialización. El Yo es predecible y conformista. El Mí es la parte del ser que es imprevisible, espontánea y creativa.

Sección 3 – Los Agentes de la Socialización

Durante la niñez y la adolescencia, los agentes principales de la socialización son la familia, la escuela, los compañeros, y los medios de comunicación pública.

La familia le enseña al niño a hablar, a pensar, a entender las normas, las creencias, y la ética, a formar las relaciones interpersonales, y a adquirir una identidad personal. Los premios y los castigos son basados en el amor.

En la escuela, el niño interactúa con los adultos bondadosos y con otros niños. Los premios y los castigos son basados en la demostración y la práctica. Las escuelas le enseñan la independencia y la lealtad a algo fuera de la familia. Enseñan un plan de estudios oculto de la disciplina, el orden, la cooperación, y la conformidad. Con estos conceptos, el niño tendrá éxito en el mundo de los adultos.

Los adultos no operan los grupos de compañeros. Los niños pertenecen a varios grupos. Los niños reciben experiencia con el conflicto, la competición, y la cooperación. Trabajando con otros que son diferentes de ellos, los niños aprenden la flexibilidad social. Los compañeros tienen una influencia poderosa en el desarrollo humano.

Los medios de comunicación pública son los métodos de comunicar con un público

four processes in adult socialization: desocialization, resocialization, anticipatory socialization, and reference groups.

Desocialization is the process that removes the self-concept from an individual. It can be a voluntary or involuntary process, but always involves someone who is "in charge." It prepares the person for resocialization.

Resocialization is the process by which the individual adopts new norms, attitudes, and behaviors that lead to a new self-concept. The party who is "in charge" uses rewards and punishments to build the individual's new identity.

Anticipatory socialization occurs when an individual chooses to adopt the attitudes and behaviors of a new group—his reference group—in which he seeks membership. The individual prepares himself for the resocialization that is a part of a new phase of life.

grande e incluyen los periódicos, las revistas, los libros, la radio, la televisión, el cine, la música, y el internet. Los medios de comunicación le dan imágenes al niño del logro, del éxito, de la actividad y del trabajo, de la igualdad y la democracia. También, le dan imágenes de la violencia, de la agresión, y de otras conductas negativas.

Sección 4 – Los Procesos de la Socialización

La socialización y el cambio son procesos que ocurren a lo largo de la vida. La perspectiva simbólico-interaccionista describe cuatro procesos en la socialización adulta: el desocialización, la resocialización, la socialización anticipadora, y los grupos de referencia.

La desocialización es el proceso que quita el concepto personal de un individuo. Puede ser un proceso voluntario o involuntario, pero siempre incluye uno que está a cargo de la situación. Esta fase prepara al individuo para la resocialización.

La resocialización es el proceso por lo cual el individuo adopta las normas, las actitudes, y las conductas nuevas que lo llevan a un nuevo concepto personal. El gobernante de la situación emplea premios y castigos para construir la nueva identidad del individuo.

La socialización anticipadora ocurre cuando un individuo decide en adoptar las actitudes y las conductas de un nuevo grupo—su grupo de referencia—en el que él busca la afinidad. El individuo se prepara para la resocialización que es una parte de una nueva fase de su vida.

Capítulo 4

PRÁCTICA DE VOCABULARIO

Indicaciones: Si encuentra una oración falsa, coloque nuevamente la palabra subrayada con una que haga verdadera la oración. Algunas de estas oraciones son verdaderas y se pueden dejar tal como aparecen. Debe escribir todas las respuestas en inglés.

1. La <u>personalidad</u> enseña a los niños a desenvolverse dentro de un grupo.

   _____

2. Su "<u>yo</u>" es la imagen que tiene de sí mismo lo cual lo diferencia del resto de las personas.

   _____

3. Aquellas personas cuyas opiniones son importantes para usted, como sus amigos, profesores y familiares son <u>otros significativos.</u>

   _____

4. Al <u>desempeñar un papel</u>, tenemos conversaciones internas en las cuales imaginamos cómo nos ven otras personas.

   _____

5. En la <u>etapa de resocialización</u>, sus hijos imitan el comportamiento de otros que se encuentran a su alrededor.

   _____

6. Durante la <u>etapa de imitación</u>, los preescolares asumen el papel de otros que se encuentran a su alrededor, un papel a la vez.

   _____

7. Su auto-concepto basado en la manera cómo lo juzgan <u>es auto-evaluarse</u>.

   _____

8. En un <u>grupo de referencia,</u> como una prisión o nosocomio, la gente es separada del resto de la sociedad y no se les permite manejar su vida.

   _____

9. El <u>grupo de amigos</u> de una persona contiene otros miembros de aproximadamente la misma edad y que comparten los mismos intereses.

_____

10. Cuando los niños son capaces de comprometerse a desempeñar un papel que envuelve diversos participantes, se encuentran en la <u>etapa del juego</u>.

_____

11. Un <u>otro generalizado</u> surge cuando un individuo ha integrado las normas, valores y creencias de su comunidad.

_____

12. Un grupo que un individuo utiliza para autoevaluarse y del cual se toman los valores, creencias y normas se denomina <u>institución total</u>.

_____

13. Cuando una institución priva al individuo de sus pertenencias y privacidad y lo trata como un "número", se <u>refieren</u> a la persona.

_____

Capítulo 4

PRÁCTICA DE REPASO

Verdadero o Falso: Decida si la oración es verdadera o falsa y escriba en los espacios en blanco T o F según sea el caso. Vuelva a escribir las oraciones falsas para que sean verdaderas. Debe escribir todas las respuestas en inglés.

_____ 1. La socialización se inicia en el nacimiento y termina a la edad de 12 años.

_____ 2. Cuando la niña ve cómo evalúan su comportamiento durante su primera visita a un buen restaurante, y en consecuencia adapta su comportamiento, está utilizando la autoevaluación.

_____ 3. La teoría de la perspectiva de conflicto establece que la socialización de los niños es útil para mantener el statu quo.

_____ 4. Si la opinión de un profesor de matemáticas acerca de un estudiante es importante para éste, el profesor es un otro significativo.

_____ 5. Por lo general, el grupo de amigos es una mala influencia para los niños, dirigiéndolos a adquirir un comportamiento antisocial.

Alternativas Múltiples: Escriba en los espacios en blanco, la letra de la respuesta correcta. Debe escribir todas las respuestas en inglés.

_____ 6. ¿Cuál de las siguientes etapas se presenta a los dos años cuando el niño imita el comportamiento de su madre al reprender al perro por ensuciar la casa con barro?
   a) etapa del juego
   b) etapa de autoevaluación
   c) etapa de imitación
   d) otra etapa generalizada

_____ 7. Cuando un preescolar juega a "ir de campamento" con otros tres niños, cada uno desempeña un papel designado, el preescolar se encuentra en la etapa de _____.
   a) juego
   b) autoevaluación
   c) imitación
   d) otra generalizada

_____ 8. El primer paso cuando un convicto ingresa a la mayoría de las prisiones en los Estados Unidos es _____, donde debe utilizar la misma ropa que todos, recortarse el cabello y no tiene libertad.
   a) resocialización
   b) imitación
   c) desocialización
   d) imitación

• •

_____ 9. ¿Cuál de las siguientes alternativas es un ejemplo del curriculum oculto en la
escuela primaria?
a) leer
b) aprender a multiplicar y a dividir
c) aprender las diferentes culturas del mundo
d) aprender a permanecer tranquilo en la fila del almuerzo

Respuestas Cortas: Responda las siguientes preguntas con una o dos oraciones completas. Debe
escribir todas las respuestas en inglés.

10. Herbert Mead afirmó que el yo se compone del "yo interno" y del "yo externo". Dar un
ejemplo de una situación en la cual usted pudiera mostrar el "yo interno" de su personalidad.
Dar un ejemplo de una situación en la cual usted pudiera mostrar el "yo externo".

_____

_____

_____

_____

_____

11. ¿Qué podría mostrarnos los resultados de la investigación realizada por Harry Harlow en
los monos acerca de los niños que son institucionalizados y no tienen contacto alguno con
sus padres?

_____

_____

_____

_____

_____

12. Algunos maestros anuncian que más y más clases de las escuelas deberían ofrecer, además,
el uso de Internet. Desde un punto de vista social, ¿puede pensar en alguna ventaja y/o
desventaja de este método?

_____

_____

_____

_____

Capítulo 5

ANÁLISIS DE LOS OBJETIVOS DEL

APRENDIZAJE

Indicaciones: Responda las siguientes preguntas según las lecturas del capítulo. Debe escribir todas las respuestas en inglés.

1. Explicar a qué se refieren los sociólogos con estructura social.

_____

_____

_____

_____

_____

2. ¿Cuál es la diferencia entre el estado atribuido y el estado alcanzado?

_____

_____

_____

_____

_____

3. ¿Cuál es la diferencia entre un estado y un rol? Dar un ejemplo.

_____

_____

_____

_____

_____

_____

_____

4. ¿Qué relación existe entre derechos y obligaciones? Dar un ejemplo.

_____

_____

_____

_____

_____

_____

_____

5. ¿Qué relación tienen los estados y los roles con la estructura social?

_____

_____

_____

6. ¿Cuál es la diferencia entre el conflicto y la presión del rol? Dar un ejemplo.

_____

_____

_____

_____

_____

_____

7. Definir el concepto de sociedad.

_____

_____

_____

48

• SPANISH SUPPLEMENT

_____

8. Describir las sociedades preindustriales de los cazadores y los recolectores.

_____

_____

_____

_____

_____

_____

_____

_____

9. Describir las sociedades preindustriales de los horticultores.

_____

_____

_____

_____

_____

_____

10. Describir las sociedades preindustriales de los pastores.

_____

_____

_____

_____

_____

_____

_____

_____

11. Describir las sociedades preindustriales de los agricultores.

_____

_____

_____

_____

_____

_____

_____

12. Discutir las características de la sociedad industrial.

_____

_____

_____

_____

_____

_____

_____

13. ¿Cuál es la diferencia entre gemeinschaft y gesellschaft?

_____

_____

_____

_____

_____

_____

_____

50

• SPANISH SUPPLEMENT • • •

14. ¿Cómo diferenció Emile Durkheim los dos tipos de sociedades?

_____

_____

_____

_____

_____

_____

_____

_____

_____

15. Discutir las características de la sociedad postindustrial.

_____

_____

_____

_____

_____

_____

_____

_____

_____

_____

_____

_____

Name _____ Date _____ Period _____

<table>
<tr><td>

Chapter 5 — SOCIAL STRUCTURE

</td><td>

Capítulo 5 — LA SOCIALIZACIÓN

</td></tr>
</table>

<table>
<tr><td>

KEY POINTS

</td><td>

LOS PUNTOS PRINCIPALES

</td></tr>
<tr><td>

Section 1 – Social Structure and Status

People carry a map in their minds to tell them how people typically behave in various group situations. Social structure is this predictable pattern of social interaction.

Status defines who a person is within the different social structures. Status tells us who we are in relation to others in the structure. Examples are: parent—child; teacher—student. An ascribed status is assigned to us by nature or by the standards of the society. Age and gender are ascribed by nature. An achieved status is earned or chosen. People choose their occupation, and they choose to begin partnerships or families.

A person has many statuses at the same time. A status set is all of the statuses that a person has at a particular time in his life. For example, he can be a son, a husband, a father, a worker, and a volunteer. Some statuses are more vital than others. These master statuses have a greater impact on how one's life goes. Occupation is an achieved master status. Age is an ascribed master status.

Section 2 – Social Structure and Roles

Each status has a role. Role is the idea of a status in action. The doctor's status involves treating patients, learning new medical techniques, and understanding medications. Rights are the actions that individuals expect from others. Obligations are the actions that others can expect the individual to perform.

Role performance is when a person does the things that are expected of him. He may do these things independently, but usually, role performance takes place as a social interaction. A person acts the way he does as part of a social setting that involves other

</td><td>

Sección 1 – La Estructura Social y el Estado Social

Las personas llevan un mapa en sus mentes que les dice cómo comportarse en las interacciones con un grupo. La estructura social representa este modelo predecible de la interacción social.

El estado social nos define quién es la persona dentro de las diferentes estructuras sociales. El estado social nos dice quién somos con respecto a otra gente (por ejemplo: padre —niño; maestro—estudiante). Se asigna el estado atribuido por la naturaleza o por las normas de la sociedad. La edad y el sexo son estados que la naturaleza define. El estado logrado refiere a los características que la persona gana o escoge. Las personas escogen su ocupación, y escogen empezar nuevas relaciones o una familia.

Una persona tiene muchos estados sociales al mismo tiempo. Una colección de estados sociales consiste en todos los estados que la persona tiene durante un período particular. Por ejemplo, un individuo puede ser hijo, marido, padre, obrero, y voluntario. Algunos estados sociales son más vitales que otros. Estos estados principales tienen un impacto poderoso en el desarrollo de la vida. La ocupación es un estado principal logrado. La edad es un estado principal atribuido.

Sección 2 –La Estructura Social y los Papeles

Cada estado social tiene un papel. El papel es el estado social en acción. El estado social del médico incluye el tratamiento a los pacientes, el saber de las nuevas técnicas médicas, y el conocimiento de los medicamentos. Los derechos son las acciones que los individuos esperan de otra gente. Las obligaciones son las acciones que los otros pueden esperar que el individuo realice.

</td></tr>
</table>

people. Social interactions occur in familiar settings, but the steps of the interaction are not planned. The interactions in a common setting can develop differently with different people or different circumstances.

Role conflict occurs when the performance of one of an individual's roles goes against the performance of another role. Role strain occurs when a person struggles to complete all of the demands of a role—demands which can compete for the individual's attention and time. To resolve these problems, a person will put his roles in order of importance (prioritize). The individual can also separate his behavior in one role from his behavior in another in order to feel comfortable in both.

Section 3 – Preindustrial Societies

Societies are formed through social structures. Societies take care of the basic needs of their members. Societies contain smaller social structures (such as families) that help to meet these needs. Preindustrial societies were independent and self-sufficient. Modern societies have a greater number of links between them.

Hunting and gathering societies hunted animals and collected wild fruits and vegetables in order to feed the people. This provided for the basic needs of the people – subsistence. These societies were very simple and did not have social classes. They were nomadic and moved with the animals that they hunted. The society determined a person's role by his gender and age.

Horticultural societies grew crops in order to solve the subsistence problem. These societies began nine thousand years ago. Roles were more important and people in horticultural societies had greater responsibilities to the family. Planting crops required the society to remain in one place. Fighting between horticultural societies occurred more frequently than between hunting and gathering societies.

Agricultural societies are an advanced form of horticultural society. They use tools such as plows and animals to make work easier. Providing for basic needs was easier and more people were free to do other things.

La actuación del papel quiere decir que la persona hace las cosas que la sociedad le espere. Es posible que el individuo las haga estas cosas independientemente, pero normalmente, la actuación del papel tiene lugar por medio de una interacción social. El individuo se comporta como parte de una situación social que concierne a otra gente. Las interacciones sociales ocurren en las situaciones conocidas, pero los pasos de la interacción no son planeados. Las interacciones en una situación típica pueden desarrollarse diferentemente con personas diferentes o en circunstancias diferentes.

El conflicto dentro del papel ocurre cuando la actuación de uno de los papeles que el individuo lleva contradice la definición elemental de otro papel. La tensión dentro del papel ocurre cuando una persona se esfuerza con la realización de las demandas de un papel —demandas que podrían competir para el tiempo del individuo y para su atención. Para resolverse estos problemas, una persona colocará sus papeles en el orden de importancia (los prioriza). El individuo también puede separar su conducta en un papel de su conducta en otro para sentirse cómodo en las dos circunstancias (los racionaliza).

Sección 3 – Las Sociedades Preindustriales

Se forman las sociedades a través de las estructuras sociales. Las sociedades cuidan de las necesidades básicas de sus miembros. Las sociedades contienen las estructuras sociales menores (como las familias) que satisfacen estas necesidades. Las sociedades preindustriales eran independientes y autosuficientes. Las sociedades modernas tienen un gran número de enlaces entre ellas.

En las sociedades de cazadores y cogedores, los miembros cazaron animales y recogieron frutas y vegetales para alimentarse. Este proceso mantuvo las necesidades básicas de la tribu – la subsistencia. Estas sociedades fueron muy simples y no tuvieron clases sociales. Las tribus fueron nómadas y movieron para seguir los animales que cazaron. La sociedad determinó el papel de un miembro por su sexo y su edad.

People developed different occupations and they built cities. New social, economic and religious institutions grew. People began to use money, and to set up rules for their society.

Section 4 – Industrial Societies

Industrial societies use science and technology to produce basic goods. Mechanization is the process that builds machines to do the work of people. There is a great amount of food and products in an industrial society. Fewer people live on farms and more people move to cities. This is the process of urbanization.

The family structure changes in an industrial society. More activities take place outside the home. Children are educated in schools. Women do more things outside the home; they work in factories or at other jobs. Families and individuals move more often. Occupation and achievement determine social class.

The German sociologist, Ferdinand Tönnies, compared communities and societies. He said that communities were like preindustrial groups and had close human relationships. He said that societies were like industrial groups and had weak family ties and less personal human relationships.

Emile Durkheim said that the relationships in a society occur because of the work that people do. In simple societies, people do the same type of work. They are united by mechanical solidarity. Complex societies have specialized workers. People depend upon one another. These modern industrial societies have organic solidarity. All parts must work together in order to guarantee that the society can function.

Postindustrial societies focus on providing service and information. They do not focus on the production of goods through basic manufacture.

Daniel Bells identifies five qualities of the postindustrial society: (1) the majority of the work is service, not agriculture or manufacturing; (2) there are more people who work in offices and not factories; (3) the society is organized using education and

Las sociedades hortícolas cultivaron las cosechas para resolver el problema de subsistencia. Estas sociedades debutaron hace nueve mil años. Los papeles fueron más importantes y las personas en las sociedades hortícolas tuvieron una gran responsabilidad a su familia. El cultivo de cosechas requirió que la sociedad permaneciera en un lugar. Las sociedades hortícolas se lucharon más que las sociedades de cazadores y cogedores.

La sociedad agrícola es una forma avanzada de la sociedad hortícola. Estas sociedades usaron las herramientas como el arado y las bestias de carga. Fue más fácil mantener las necesidades básicas y más personas tuvieron tiempo libre para el ocio. Hicieron muchas ocupaciones diferentes y la gente empezó a construir las aldeas. Las nuevas instituciones sociales, económicas y religiosas desarrollaron. Compraron con el dinero, y deseñaron reglas para su sociedad.

Sección 4 – Las Sociedades Industriales

Las sociedades industriales usan las ciencias y la tecnología para producir los géneros de consumo. La mecanización es el proceso que construye las máquinas para hacer el trabajo. Hay una gran cantidad de comida y de productos en una sociedad industrial. Menos personas se quedan en las granjas y más personas se muda a las ciudades. Esto es el proceso de la urbanización.

En una sociedad industrial, hay muchos cambios en la estructura de la familia. Más actividades tienen lugar fuera de la casa. Los niños van a la escuela para aprender. Las mujeres hacen más fuera de la casa; ellas trabajan en las fábricas o tienen otro oficio. Familias e individuos se mudan con más frecuencia. La ocupación y el logro determinan la clase social.

El sociólogo alemán, Ferdinand Tönnies, comparó las comunidades y las sociedades. Él dijo que las comunidades son como los grupos preindustriales y tienen relaciones humanas íntimas. Él dijo que las sociedades son como los grupos industriales y tienen enlaces débiles entre los familiares. Dijo que las relaciones humanas son menos personales.

technical knowledge; (4) people evaluate the effects of new technologies before they begin to use them; and (5) people use computers to help manage business and government organizations.

The historian, Francis Fukuyama, describes the instability of our modern postindustrial society. In the 1980s, crime increased and family structures became weak. But society is becoming stable again. In the 1990s, crime decreased and social structures became stronger. When cultures change, they need time to adjust.

Emile Durkheim dijo que las relaciones en una sociedad ocurren debido a la ocupación. En las sociedades simples, las personas hacen el mismo tipo de trabajo. Ellos están unidos por la solidaridad mecánica. En las sociedades complejas, hay obreros expertos. Una persona cuenta con otra. Estas modernas sociedades industriales tienen la solidaridad orgánica. Todas las partes deben trabajar juntas para garantizar que la sociedad pueda funcionar.

El foco de las sociedades postindustriales es proveer el servicio y la información. No enfocan en la fabricación de artículos de consumo.

Daniel Bells identifica cinco calidades de la sociedad postindustrial: (1) la mayoría del trabajo es el servicio – ni la agricultura ni la fabricación; (2) hay más personas que trabajan en las oficinas en lugar de las fábricas; (3) la sociedad está organizada a través de la educación y el conocimiento técnico; (4) se evalúan los efectos de las tecnologías nuevas antes de que empiecen a usarlas; y (5) se usan las computadoras para administrar los negocios y las organizaciones gubernamentales.

El historiador, Francis Fukuyama, describe la inestabilidad de nuestra moderna sociedad postindustrial. En los años ochenta, el crimen aumentó y la estructura de la familia se debilitó. Pero la sociedad está poniéndose estable de nuevo. En los años noventa, el crimen disminuyó y las estructuras sociales se hacen más fuertes. Cuando una cultura se reinventa, sus miembros necesitan un período de tiempo para ajustarse.

Capítulo 5

PRÁCTICA DE VOCABULARIO

Indicaciones: Relacione los términos de la columna derecha con las definiciones de la columna izquierda escribiendo la letra correspondiente. Debe escribir todas las respuestas en inglés.

_____ 1. una sociedad donde la tecnología es de suma importancia

_____ 2. una sociedad que sobrevive con la búsqueda de frutas y vegetales silvestres y con la caza de animales salvajes

_____ 3. la conducta actual encargada de llevar a cabo un rol

_____ 4. un estado que ni se gana ni se selecciona

_____ 5. un estado que se gana o se selecciona

_____ 6. el nombre de Tönnies para una sociedad basada en la competencia y los débiles lazos familiares

_____ 7. el nombre de Tönnies para una sociedad preindustrial basada en el parentesco y en las relaciones privadas

_____ 8. una sociedad en la cual se utilizan los animales y la maquinaria para producir alimentos

_____ 9. al desempeñar un papel se crean problemas para ejecutar debidamente un segundo rol

_____ 10. un comportamiento que debe tener un individuo para con otros

_____ 11. el incremento en el número de las grandes ciudades

_____ 12. el estado que afecta la mayoría de los aspectos de nuestras vidas

_____ 13. un comportamiento que un individuo espera de otros

_____ 14. una sociedad en la cual los obreros fabrican muchos productos en las fábricas

a. conflicto del rol (role conflilct)

b. estado atribuido (ascribed status)

c. sociedad postindustrial (postindustrial society)

d. derecho (right)

e. sociedad de cacería y de recolección (hunting and gathering society)

f. ejecución del rol (role performance)

g. estado alcanzado (achieved status)

h. obligación (obligation)

i. estado original (master status)

j. gemeinschaft

k. gesellschaft

l. sociedad industrial (industrial society)

m. sociedad agrícola (agricultural society)

n. urbanización (urbanization)

Name _____ Date _____ Period _____

Capítulo 5

PRÁCTICA DE REPASO

Verdadero o Falso: Decida si la oración es verdadera o falsa y escriba en los espacios en blanco T o F según sea el caso. Vuelva a escribir las oraciones falsas para que sean verdaderas. Debe escribir todas las respuestas en inglés.

_____ 1. Todos los estados atribuidos también son estados originales.

_____ 2. Un estado es una posición que ocupa una persona en una estructura social.

_____ 3. Una razón por la que los cirujanos evitan operar a miembros de su propia familia es para evitar el conflicto del rol.

_____ 4. Las sociedades de pastores utilizan de manera eficaz la mecanización.

_____ 5. Actualmente, los Estados Unidos observa una disminución en el índice de criminalidad.

Alternativas Múltiples: Escriba en los espacios en blanco, la letra de la respuesta correcta.

_____ 6. Los miembros de una sociedad industrial son demasiado dependientes de algún otro porque
  a) los lazos familiares son más importantes que los trabajos preindustriales.
  b) el conocimiento en computación es esencial en el trabajo.
  c) la gente posee más habilidades especializadas, por consiguiente, necesita de otras para satisfacer muchas de sus necesidades.
  d) las relaciones sociales personales son más importantes que si formaran parte de una sociedad preindustrial.

_____ 7. ¿Cuál de las siguientes alternativas es un ejemplo de un estado alcanzado?
  a) ser un(a) profesor(a)
  b) ser un(a) hombre (mujer)
  c) ser un(a) hijo (a)
  d) haber nacido en Chicago

_____ 8. ¿Cuál de las siguientes alternativas es un ejemplo de estado atribuido?
  a) ser un(a) nieto(a)
  b) ser un(a) graduado(a) de la universidad
  c) ser el (la) alcalde(sa) de una ciudad
  d) ser un(a) ciudadano(a) norteamericano(a)

• •

_____ 9. En las sociedades postindustriales,
   a) la unidad social se alcanza a través de un consenso de creencias y valores.
   b) las personas poseen estados especializados complejos que las convierten en interdependientes.
   c) existen presiones más fuertes para adaptarse que en otras sociedades.
   d) el cambio tecnológico se evalúa antes de introducirlo.

_____ 10. Ferdinand Tönnies utilizó los términos gemeinschaft y gesellschaft para distinguir entre las relaciones sociales en las sociedades _____.
   a) industriales y postindustriales
   b) de pastores y de cacería
   c) horticultoras y agrícolas
   d) preindustriales e industriales

Respuestas Cortas: Responda las siguientes preguntas con una o dos oraciones completas. Debe escribir todas las respuestas en inglés.

11. De la gente que usted conoce, dar un ejemplo de un estado atribuido que también sea un estado original. Dar un ejemplo de un estado alcanzado que también sea un estado original. Explicar por qué son estado originales.

_____

_____

_____

_____

_____

_____

12. ¿Por qué se origina la urbanización en las sociedades industriales?

_____

_____

_____

_____

_____

_____

_____

Capítulo 6

ANÁLISIS DE LOS OBJETIVOS DEL APRENDIZAJE

Indicaciones: Responda las siguientes preguntas según las lecturas del capítulo. Debe escribir todas las respuestas en inglés.

1. Definir el concepto de grupo y diferenciarlo de la categoría social y el agregado social.

_____

_____

_____

_____

_____

_____

_____

2. Explicar las características de los grupos primarios.

_____

_____

_____

_____

3. ¿Cómo afecta al desarrollo de los grupos primarios el tipo y la longitud del contacto?

_____

_____

_____

_____

4. ¿Cuáles son las funciones de los grupos primarios en la sociedad?

_____

_____

_____

_____

5. Explicar las características de los grupos secundarios.

_____

_____

_____

_____

_____

6. Discutir en grupo y luego entre grupos.

_____

_____

_____

_____

_____

_____

_____

7. Nombrar tres funciones importantes de la red social.

_____

_____

_____

_____

_____

•• SPANISH SUPPLEMENT ••••

8. Describir los cinco tipos de interacción social grupal reconocidos por Robert Nisbet.

_____

_____

_____

_____

_____

_____

_____

9. ¿De qué manera puede resultar positivo el conflicto?

_____

_____

_____

_____

10. Comparar y contrastar la cooperación y el intercambio social.

_____

_____

_____

_____

_____

11. Distinguir entre las organizaciones formales e informales.

_____

_____

_____

_____

_____

_____

12. Discutir las características y ventajas de la burocracia.

_____

_____

_____

_____

_____

_____

_____

_____

13. Discutir las desventajas de la burocracia.

_____

_____

_____

_____

14. Discutir el uso del poder dentro de una organización.

_____

_____

_____

_____

15. ¿Qué es la ley del hierro de la oligarquía?

_____

_____

_____

_____

_____

_____

62

KEY POINTS

Section 1 – Primary and Secondary Groups

A group is composed of people who share several features. They think and feel in the same way. They consider the behavior of others, and they have common goals. People can be described by their social categories—those who share a social characteristic (students, women). They can be gathered in a social aggregate—people who are in the same place at the same time. People in social categories and social aggregates can form a group when they decide to interact in order to achieve a common purpose.

A primary group is composed of people who are emotionally connected, know one another well, and seek one another's company. Primary group members share primary relationships that are intimate, personal, caring and fulfilling.

Primary groups develop among a small number of people who support each other emotionally, and who interact in close social circumstances. Members of the primary group conform to the appearance and thinking of the group.

Secondary groups are impersonal and goal oriented. Secondary groups work to complete a task. People in secondary groups have secondary relationships such as those between a clerk and a customer or between a doctor and a patient. Sometimes there are primary relationships within a secondary group, but the group's task must remain the priority. Primary relationships cannot interfere with the secondary group's goal.

Section 2 – Other Groups and Networks

We use reference groups in order to evaluate ourselves and to form our identity.

LOS PUNTOS PRINCIPALES

Sección 1 – Los Grupos Primarios y los Grupos Secundarios

Un grupo está compuesto de personas que tienen varios rasgos en común. Piensan de igual manera. Ellos consideran la conducta de otros, y tienen las metas comúnes. Podemos describir a las personas por sus categorías sociales—los que comparten una característica social (los estudiantes, mujeres). Los podemos encontrar en un agregado social—las personas que están en el mismo lugar al mismo tiempo. Las personas en las categorías sociales y en los agregados sociales pueden formar un grupo cuando ellos deciden interactuar para lograr un objetivo común.

Un grupo primario está compuesto de personas que son conectadas emocionalmente, que se conocen bien, y que desean pasar un buen rato juntas. Los miembros de un grupo primario tienen relaciones primarias que son íntimas, personales, afectuosas y satisfechas.

Los grupos primarios desarrollan entre unas personas que se apoyan emocionalmente, y que interactúan en las circunstancias sociales íntimas. Los miembros del grupo primario conforman al aspecto y a la manera de pensar del grupo.

Los grupos secundarios son impersonales, y sus miembros enfocan en una sóla meta. Los grupos secundarios trabajan para completar una tarea. Las personas en los grupos secundarios tienen las relaciones secundarias como aquéllas entre empleados y clientes o entre doctores y pacientes. A veces, hay relaciones primarias dentro del grupo secundario, pero la tarea del grupo debe ser la prioridad. Las relaciones primarias no pueden interferir con la meta del grupo secundario.

Sección 2 – Otros Grupos y las Redes

Observamos los grupos de referencia para evaluarnos y para formar nuestra identidad. A

Sometimes we are members of our reference group, and sometimes we simply look to the reference group for ideas.

In-groups and out-groups develop in many social settings. The members of an in-group are very loyal to the other group members. They are hostile toward those people who are not in their group. These people are an out-group. In-groups establish boundaries. Clothes, language and symbols are used to identify the group and to prevent outsiders from entering the group.

All of a person's social relationships make up his social network. The social network is a web of relationships that connect a person with others. The network includes groups, but the network itself is not a group. Social networks provide a feeling of belonging, their members provide advice and support, and they help us to enter different parts of society or to get jobs.

Section 3 – Types of Social Interaction

As members of groups, people take on new roles and they behave in different ways. The identity of the individual is different when he is within a group from when he is alone. Group social interaction gives stability to the group, and offers it opportunities to change.

Cooperation occurs when the members of a group combine their efforts to reach a goal.

Conflict occurs when the members of one group work against the members of another group. Conflict brings cooperation within each group. Also, by engaging another group in conflict, society can learn of inequalities between groups of people. This attention can bring change to the society.

Social exchange is a process in which one member helps another member to achieve a goal. The helper now expects something in return. The basis of social exchange is reciprocity—you help me and I will help you. Social exchange is different from cooperation. When members cooperate, they are not expecting something to be given back to them later.

Coercion occurs when one member forces another member to act in a certain way. Sometimes this is done by force, but often this

veces somos miembros de nuestro grupo de referencia, y a veces nosotros simplemente vemos al grupo para sacar ideas que nos ayudan en la formación de nuestro concepto personal.

El "in-group" y el "out-group" desarrollan en muchas situaciones sociales. Los miembros de un "in-group" son muy fieles a los otros miembros del grupo. Ellos son hostiles hacia esas personas que no están en su grupo. Estas personas son el "out-group." Los miembros de un "in-group" establecen sus propios límites. Se usan la ropa, el lenguaje popular, y los símbolos para identificar el grupo y para impedirles a los extraños de entrar en el grupo.

Todas las relaciones sociales de una persona constituyen su red social. La red social es "un tejido" de relaciones que conecta a la persona con otra gente. La red incluye los grupos, pero la red si misma no es un grupo. Las redes sociales crean un sentimiento de pertenecer. Sus miembros se dan consejo y se ofrecen el apoyo. Ellos los ayudan a los otros miembros entrar en partes diferentes de la sociedad o en obtener empleo.

Sección 3 – los Tipos de Interacción Social

En sus grupos, las personas asumen papeles nuevos, y ellos se comportan en maneras diferentes de su comportamiento normal. La identidad del individuo es diferente cuando él está dentro de un grupo que cuando él está solo. La interacción social del grupo da al grupo la estabilidad, y le ofrece la oportunidad de cambiar.

La cooperación ocurre cuando los miembros de un de grupo combinan su energía para alcanzar una meta.

El conflicto ocurre cuando los miembros de un grupo oponen a los miembros de otro grupo. El conflicto trae la cooperación dentro de cada grupo. Además, el conflicto muestra a la sociedad de las desigualdades entre los grupos. Con esta atención, la sociedad puede mejorar sus circunstancias sociales.

El intercambio social es un proceso en lo cuál que un miembro le ayuda que otro miembro logre una meta. El que ayudó ahora espera que el otro vaya a hacer algo para repagarlo. La base del intercambio social es la

is accomplished using social pressures such as ridicule, rejection or guilt.

Conformity is behavior that matches the expectations of thc group. When a group member conforms, he acts the same way that the other group members do. Experiments demonstrate that an individual will conform to the opinion of the group even when he thinks differently. It is difficult to contradict the decision of the group. This leads to groupthink —when members of the group become afraid to express ideas that are not the same as the group's. This often leads to serious and dangerous errors.

Section 4 – Formal Organizations

In industrialized societies, formal organizations provide services to the population. Schools, hospitals, governments, and corporations are examples of formal organizations. A bureaucracy is a formal organization based on rationality and efficiency.

Bureaucracies have five characteristics: (1) every worker has a specific task to perform; (2) there is a power structure with different levels of authority; (3) there is a system of rules and procedures; (4) there is a written record of work and activities; and (5) workers receive promotions based upon hard work and qualifications.

Max Weber analyzed bureaucracies. He compared them to machines, and believed that they were efficient mechanisms for organization. By using rules and procedures, decisions can be made in an objective way. All people can expect equal treatment according to the rules.

Informal organization occurs inside the bureaucracy. Groups of workers form primary relationships, establish group norms, and conform to the norms.

The power structure of organizations contributes to the formation of an oligarchy. This means that the power is divided among very few individuals. These individuals continue to gain power because they can create a staff of loyal assistants. Even democratic organizations show signs of this iron law of oligarchy.

reciprocidad—"usted me ayuda y yo le ayudaré." El intercambio social es diferente de la cooperación. Cuando los miembros cooperan, ellos no están esperando que alguien reciproque.

La coerción ocurre cuando un miembro exige que otro se comporte de cierta manera. A veces, esto se hace por la fuerza, o, a menudo, con presiones sociales como el ridículo, el rechazo, o la culpa.

La conformidad es conducta que imita las expectaciones del grupo. Cuando un miembro del grupo conforma, actúa en la misma manera que los otros miembros. Los experimentos demuestran que un individuo con una opinión única conformará a la opinión del grupo sin decir nada contra los otros. Esto lleva al "groupthink"—cuando los miembros del grupo no desean expresar ideas que contradigan la voluntad, o la opinión del grupo. Frecuentemente, el groupthink causa los errores serios y peligrosos.

Sección 4 – Las Organizaciones Formales

En las sociedades industrializadas, las organizaciones formales proveen servicios a la población. Las escuelas, los hospitales, los gobiernos, y las corporaciones son ejemplos de organizaciones formales. Una burocracia es una organización formal basada en la racionalidad y la eficacia.

Una burocracia tiene cinco características: (1) cada obrero tiene que realizar una tarea específica; (2) hay una estructura de poder con niveles diferentes de autoridad; (3) hay un sistema de reglas y procedimientos; (4) hay un registro escrito de trabajo y de actividades; y (5) los obreros reciben promociones cuando son trabajadores y competentes.

Max Weber analizó las burocracias. Él las comparó con las máquinas y creyó que eran mecanismos eficaces para organizarse. Con reglas y procedimientos, es posible hacer decisiones en una manera objetiva. Todo el mundo recibe el tratamiento igual según las reglas.

La organización informal ocurre dentro de la burocracia. Grupos de obreros forman las relaciones primarias, establecen las normas de su grupo, y conforman con estas normas.

La estructura de poder de las organizaciones contribuye a la formación de una oligarquía. Significa que el poder es dividido entre muy pocos individuos. Estos individuos continúan volverse poderosos. Ellos crean un grupo personal de subordinados fieles. Incluso las organizaciones democráticas demuestran esta ley de la oligarquía.

Capítulo 6 PRÁCTICA DE VOCABULARIO

Indicaciones: Complete las oraciones empleando las palabras de la siguiente lista. Debe escribir todas las respuestas en inglés.

autoridad (authority)
burocracia (burocracy)
coacción (coercion)
conformidad (conformity)
cooperación (cooperación)
organización formal (formal organization)
pensamiento grupal (groupthink)
grupo interior (in-group)

grupo primario (primary group)
racionalización (racionalization)
grupo de referencia (reference group)
grupo secundario (secondary group)
agregado social (social aggregate)
categoría social (social category)
red social (social network)

1. Un grupo en el cual todos se conocen bien y mantienen fuertes lazos emocionales es un(a)

   _____ .

2. El (la) _____ se refiere a comportarse de la forma que espera el

   grupo.

3. En _____ , las personas trabajan en conjunto para alcanzar un

   objetivo común.

4. Cuando los miembros de un grupo aceptan las creencias de su grupo bajo presión para

   formar parte de éste, se están comprometiendo a _____ .

5. La característica principal de un(a) _____ es que los miembros se

   unen deliberadamente para trabajar y alcanzar objetivos a largo plazo.

6. El (la) _____ se origina cuando un grupo fuerza a alguien a

   formar parte de éste y compartir las mismas creencias.

SPANISH SUPPLEMENT

• •

7. Un grupo formado principalmente para encontrar un objetivo específico y que generalmente sólo es una pequeña parte de la vida de los miembros es un(a) _____.

8. Aquellas personas que comparten una característica social particular forman un(a) _____.

9. El (la) _____implica el uso del poder de una manera socialmente aprobada.

10. Cuando enfatizamos el conocimiento, la razón y el planeamiento, estamos utilizando el (la) _____.

11. Cuando evaluamos nuestras actitudes y normas contra aquellos que forman parte de un grupo específico, aquel grupo es un(a) _____.

12. Un(a) _____ es el alma de las relaciones sociales que conecta una persona con otras personas o grupos.

13. Un(a) _____ es exclusivo(a) y exige una intensa lealtad de sus miembros.

14. Una organización formal basada en la eficiencia es un ejemplo de un(a) _____.

15. Un grupo de personas que se encuentra temporalmente en un lugar al mismo tiempo es un ejemplo de un(a) _____.

Capítulo 6

PRÁCTICA DE REPASO

Verdadero o Falso: Decida si la oración es verdadera o falsa y escriba en los espacios en blanco T o F según sea el caso. Vuelva a escribir las oraciones falsas para que sean verdaderas. Debe escribir todas las respuestas en inglés.

_____ 1. La dominación siempre implica el uso de la fuerza física.

_____ 2. Los miembros de un grupo deben tratar de evitar conflictos ya que interfiere con alcanzar los objetivos del grupo.

_____ 3. Para tener un grupo interior, es necesario contar con un grupo exterior.

_____ 4. Toda serie de relaciones que conecta al individuo con otras personas y/o grupo forma su red social.

_____ 5. Cuando los Estados Unidos era una sociedad agrícola, las personas pertenecían a un gran número de grupos secundarios a diferencia de estos últimos años.

Alternativas Múltiples: Escriba en los espacios en blanco, la letra de la respuesta correcta. Debe escribir todas las respuestas en inglés.

_____ 6. Todas las personas que fueron testigo de un accidente de tren forman parte de un _____.
a) grupo principal
b) grupo secundario
c) agregado social
d) grupo de referencia

_____ 7. ¿Por qué en una gran ciudad NO se considera como grupo al conjunto de madres?
a) no todas se mantienen en contacto.
b) pertenecen a diferentes niveles sociales.
c) no tiene intereses comunes.
d) no son una burocracia.

_____ 8. Antes de promulgar las leyes de alquiler, muchas personas creían que aquellos con casa propia podían vender sus propiedades a quienes quisieran, así significara negarse a vender a otra persona según su raza. En algunas comunidades, aquellos que estuvieron en contra de esta creencia general fueron aislados. Este es un ejemplo de _____.
a) cooperación
b) intercambio social
c) burocracia
d) pensamiento grupal

• •

_____ 9. Cuando los granjeros se unen voluntariamente para cosechar los cultivos de un vecino que se encuentra hospitalizado, están demostrando un(a) _____.
   a) cooperación
   b) coacción
   c) dominación
   d) pensamiento grupal

_____ 10. El administrador de una oficina pequeña renuncia para trabajar en otro lugar. Uno de los trabajadores de la oficina cree que será ascendido a otro puesto, pero el dueño contrata a otra persona ajena a la compañía. El empleado que no fue promovido se niega a orientar al nuevo administrador. Este es un ejemplo de _____.
   a) cooperación
   b) coacción
   c) conflicto
   d) pensamiento grupal

Respuestas Cortas: Responda las siguientes preguntas con una o dos oraciones completas. Debe escribir todas las respuestas en inglés.

11. Enumerar tres grupos a los que pertenece. Enumerar tres categorías sociales a las que pertenece.

_____

_____

_____

_____

12. Dar un ejemplo de un grupo primario y un grupo secundario al que pertenece. ¿Qué grupo causa mayor impacto en su vida? Dar ejemplos de los impactos de cada grupo.

_____

_____

_____

_____

13. ¿Cuál es la diferencia entre cooperación e intercambio social?

_____

_____

_____

_____

70

Capítulo 7
ANÁLISIS DE LOS OBJETIVOS DEL APRENDIZAJE

Indicaciones: Responda las siguientes preguntas según las lecturas del capítulo. Debe escribir todas las respuestas en inglés.

1. Definir desviación.

_____

_____

_____

_____

2. Explicar por qué no es fácil identificar la desviación.

_____

_____

_____

_____

3. Definir control social.

_____

_____

_____

4. Identificar los principales tipos de control social y explicar sus diferencias.

_____

_____

_____

_____

_____

• 72 • Copyright © by The McGraw-Hill Companies, Inc.

5. En resumen, ¿cómo perciben los funcionalistas la desviación?

_____

_____

_____

_____

6. Discutir las consecuencias negativas de la desviación, según los funcionalistas.

_____

_____

_____

_____

_____

7. Discutir las consecuencias positivas de la desviación, según los funcionalistas.

_____

_____

_____

_____

8. Diferenciar entre las principales teorías funcionales de la desviación.

_____

_____

_____

_____

_____

_____

_____

_____

_____

9. Explicar los cuatro elementos básicos de los enlaces sociales.

_____

_____

_____

_____

_____

_____

10. Explicar las dos teorías de desviación basadas en la teoría de interaccionismo simbólico.

_____

_____

_____

_____

_____

_____

_____

_____

11. Discutir la teoría del conflicto con respecto a la desviación.

_____

_____

_____

_____

_____

_____

• •

12. Explicar la siguiente oración: " La gente de clase baja comete delitos de las calles; mientras que la gente de clase alta comete delitos de suites.

_____

_____

_____

_____

13. ¿Qué diferencia existe entre la concepción que tienen muchos norteamericanos acerca del crimen y la delincuencia juvenil?

_____

_____

_____

_____

_____

14. Describir los cuatro enfoques que utiliza un sistema de justicia para controlar el crimen.

_____

_____

_____

_____

_____

_____

_____

_____

_____

_____

_____

_____

_____

_____

15. ¿Qué relación existe entre la rehabilitación y la reincidencia?

_____

_____

_____

_____

_____

_____

Chapter 7 — DEVIANCE AND SOCIAL CONTROL

Capítulo 7 — LA DESVIACIÓN Y LA REGULACIÓN SOCIAL

KEY POINTS

LOS PUNTOS PRINCIPALES

Section 1 – Deviance and Social Control

Deviance is behavior that does not conform to the norms of the society. Some deviant behavior is obvious – crime or violent acts. Because norms are defined by the society, deviance can vary among groups. A deviant is a person who has violated one or more of the society's most important norms.

The reaction to deviance is to try to change the behavior. Social controls are used to promote conformity to the rules of society. Internal social control—voluntary conformity to society's norms—occurs because a person has accepted and has internalized certain rules of socialization. External social control—forced conformity to society's norms – occurs when people are made to comply with the norms. Social sanctions—rewards or punishments—are used to get people to follow society's norms.

Section 2 – Functionalism and Deviance

Deviance has negative effects. People count on others to act a certain way. When they do not, they are not trusted. Deviance encourages more deviance. People sometimes react to deviance by using negative behavior against the person who did not obey the norms. If society must use its resources against the bad behavior, deviance can be expensive. Police, firemen, and others may have to work to control the negative behavior and its effects.

Deviance benefits society as well. When society defends its norms, people are reaffirming their commitment to these ideas. Deviance creates unity within the group. Also, by acting differently, groups receive attention that can help society to change and to extend civil rights protection to minority and oppressed groups.

Sección 1 – La Desviación y la Regulación Social

La desviación es conducta que no conforma a las normas de la sociedad. Algunos ejemplos de conducta anticonvencional son obvios – el crimen o los actos violentos. Debido a que las normas son definidas por la sociedad, la desviación pueda variar entre los grupos. Un anticonvencional es una persona que viola una o más de las normas importantes de la sociedad.

La reacción a la desviación es tratar de cambiar la conducta. Se usa la regulación social para promover la conformidad a las reglas de la sociedad. La regulación social interna—la conformidad voluntaria a las normas de la sociedad—ocurre porque una persona ha aceptado y ha integrado ciertas reglas de la socialización. La regulación social externa – la conformidad forzada a las normas de la sociedad—ocurre cuando las personas están forzadas obedecer las normas. Las sanciones sociales – los premios o los castigos —se usa para inducir la obediencia a las reglas de la sociedad.

Sección 2 – La Perspectiva Funcionalista y la Desviación

La desviación tiene los efectos negativos. Las personas cuentan con que los otros actúen en cierta manera. Cuando ellos no lo hacen, no se los confían. La desviación invita más actos de desviación. A veces, las personas reaccionan a la desviación con conducta negativa contra la persona que no obedeció las normas. Si la sociedad debe usar sus recursos contra la conducta mala, la desviación tiene un precio alto. La policía, los bomberos, y otros tendrán que trabajar para controlar la conducta negativa y sus efectos.

La desviación también beneficia a la sociedad. Cuando la sociedad defiende sus normas, la gente está reafirmando su compromiso a estas ideas. La desviación crea la

Societies establish goals, and most citizens work to achieve the goals. This is conformity to the goals of society. Some people accept the goals but use illegal mean to achieve them – know as innovation. Some people reject the goals but pretend to follow them—known as ritualism. Some people reject the goals and do not participate in the patterns of the society—known as retreatism. Some people reject the goals of society and establish their own set of goals and rules to follow—known as rebellion.

Control theory says that when people have relationships that connect them with other people, they follow the rules of society. If the bonds between people and society are weak, deviance can occur. Social bonds bring conformity when people are attached to other people, committed to the goals of society, involved in social activities, and when they believe in the rules of the society.

Section 3 – Symbolic Interactionism and Deviance

The symbolic interactionist perspective has two theories of deviance. Cultural transmission theory says that deviance is learned from others. When a person is involved with people who act a certain way, they will learn to act that way as well. Differential association theory emphasizes that primary groups transmit deviance to an individual if there are many people doing the behavior, if the behavior is practiced by someone important to the individual, and if the individual is young and easily influenced.

Labeling theory says that an individual is a deviant because others label him. Social groups set rules and determine who is an outsider. The outsider is labeled to be a deviant because others say it is so, and not because of the quality of the individual's actions. The label is a stigma – a negative characteristic that is used to identify the individual. Stigmas cause pain to the individual.

Many people act in a deviant manner on a few occasions. They are not 100% deviant in their behavior through life. This is primary deviance. Some people adopt a life pattern that is fully deviant. Everything they do is related to these deviant habits. This is known as secondary deviance.

unidad dentro del grupo. Adicionalmente, cuando actúan diferentemente, los grupos reciben la atención pública que efectúa los cambios sociales que les extenden los derechos humanos a la minoría y a los grupos oprimidos.

Las sociedades establecen sus metas, y la mayoría de los ciudadanos trabaja para lograr las metas. Ésta es la conformidad a las metas de la sociedad. Algunas personas aceptan las metas pero usan medios ilegales para lograrlas —es la innovación. Algunas personas rechazan las metas pero pretenden seguirlas—es el ritualismo. Algunas personas rechazan las metas y no participan en los modelos de la sociedad—es la retirada. Algunas personas rechazan las metas de la sociedad y establecen su propia lista de metas y de reglas que siguen —es la rebelión.

La teoría de control dice que cuando las personas tienen relaciones que los conectan con otras personas, ellos siguen las reglas de la sociedad. Si los enlaces entre las personas y la sociedad son débiles, la desviación puede ocurrir. Los enlaces sociales traen la conformidad cuando los individuos conectan con otras personas, cuando comitan a las metas de la sociedad, cuando se conciernen con las actividades sociales, y cuando ellos creen en las reglas de la sociedad.

Sección 3 – La Perspectiva Simbólica-Interaccionista y la Desviación

La perspectiva simbólico-interaccionista tiene dos teorías de desviación. La teoría de la transmisión cultural dice que uel individuo aprende de la desviación de otros. Cuando una persona pasa tiempo con las personas que actúan de cierta manera, ellos aprenderán a actuar como ellos. La teoría de la asociación diferencial destaca que los grupos primarios le transmiten la desviación a un individuo si hay muchos miembros que hacen la conducta, si un miembro con importancia al individuo la hace, y si el individuo es joven y fácilmente influenciado.

La teoría de marcas dice que un individuo es un anticonvencional porque otros lo marcan. Los grupos sociales determinan las reglas y dicen quién no es parte del grupo. Lo clasifican al extranjero como un anticonvencional porque el grupo dice que es, y no debido a las acciones del individuo. La

Section 4 – Conflict Theory and Deviance

The conflict perspective sees deviance as a result of social inequality. The people with power determine whom to label as deviant. Deviance in an industrial society is behavior that threatens the interests of the powerful members of society. People are called deviants if they criticize the industrial society, choose not to work, damage property, or do not respect authority.

In the United States, there is a difference in the way whites and minorities are treated by the justice system. Whites are not punished as severely as are African-Americans and Latinos. Crimes against minorities are not punished as severely as are crimes against whites.

The conflict theory suggests that minorities do not receive equal treatment because they do not have the money needed to hire excellent lawyers. The theory of victim discounting says that if a victim is considered less valuable to society, he will be treated as less desirable.

White-collar crime is crime committed by people by high-status members of society. It is found in economic or business-related crimes. These crimes can involve polluting the environment or allowing dangerous work conditions. Even though many people are hurt by white-collar crime, violators do not receive harsh penalties.

Section 5 – Crime and Punishment

Acts in violation of the law is crime. Two sources of crime statistics are the FBI and the US Census Bureau. Eight categories of crime are murder, forcible rape, robbery, aggravated assault, burglary, larceny-theft, motor vehicle theft, and arson. During the 1990s, the crime rate and murder rate in the U.S. have declined.

Violations of the law by people under 18 years of age is called juvenile delinquency. Juveniles commit the same kinds of crimes that adults commit. Though high in the 1980s, the juvenile crime rate has fallen greatly during the 1990s. One reason is a decline in the demand for drugs.

The criminal justice system is made up of police, courts, and the correctional system. There are four approaches to the control and

marca es un estigma—una característica negativa que se usa para identificar al individuo. Los estigmas causan la pena al individuo.

Muchas personas actúan de una manera anticonvencional en unas ocasiones. Ellos no son 100% anticonvencionales en su conducta a través de la vida. Ésta es la desviación primaria. Algunas personas adoptan un modelo de vida que es totalmente anticonvencional. Todo lo que hacen se relaciona a estos hábitos anticonvencionales. Ésta es la desviación secundaria.

Sección 4 – La Teoría de Conflicto y la Desviación

La perspectiva de conflicto explica que la desviación ocurre como resultado de la desigualdad social. Las personas con el poder les dan la marca "anticonvencional" a otros. La desviación en una sociedad industrial es conducta que amenaza los intereses de los miembros poderosos de la sociedad. Dicen que unas personas son anticonvencionales si ellos critican la sociedad industrial, si no trabajan, si dañan la propiedad de los miembros podersos, o si no respetan la autoridad.

En los Estados Unidos, hay una diferencia en la manera en que el sistema de justicia trata a la población blanca y a las minorías. Los blancos no reciben el castigo tan severo que el castigo que los africanoamericanos y los latinos reciben. Los crimenes contra las minorías no reciben el mismo nivel de castigo que los crimenes contra los blancos.

La teoría de conflicto sugiere que las minorías no reciban el tratamiento igual porque ellos no tienen el dinero que necesitan para contratar a los abogados excelentes. La teoría de la minimización de la víctima dice que si la sociedad considera que una víctima es menos valiosa a la sociedad, él recibe el tratamiento menos deseable.

El crimen "cuello-blanco" es un crimen que comitan los miembros de la sociedad que tienen un estado alto. Son crímenes económicos o crímenes que ocurren en un lugar de trabajo. Estos crímenes incluyen la contaminación los recursos naturales o la creación de las condiciones de trabajo peligrosas. Aunque muchas personas son heridas por el crimen "cuello-blanco," los violadores no reciben las penas rigurosas.

punishment of criminals—deterrence, retribution, incapacitation, and rehabilitation.

Deterrence is the threat to use unpleasant punishment. Capital punishment—punishment by death—is an extreme form of deterrence. Americans have various opinions on the effectiveness of the death penalty.

Retribution is punishment that makes criminals pay compensation for their crimes. It is carried out under the direction of the courts. Individuals are not permitted to take out personal retribution.

Incarceration removes the criminal from society and puts him in jail.

Rehabilitation is an attempt to resocialize the criminal. Many prisons have programs that teach criminals the social and work skills that they will need in order to live successful lives in society. However, a large percentage of criminals return to their negative habits. This is called recidivism.

Alternatives to prison involve probation, community programs, and diversion strategies that allow treatment programs to help the criminal.

Sección 5 – El Crimen y el Castigo

La violación de la ley es crimen. Dos fuentes confiables de estadísticas son el FBI y la Oficina del Censo. Los ocho categorías de crimen son el homicidio, la violación sexual, el robo, el ataque agravado, el escalo, el ladrocinio, el robo de un vehículo, y el incendio malicioso. Durante los años noventa, el nivel del crimen y el nivel del homicidio en los EE.UU. disminuyeron.

Las violaciones de la ley por las personas que tienen menos de 18 años de edad se llama la delincuencia de menores. Los galancetes perpetran los mismos tipos de crímenes que hacen los adultos. Aunque fue alto en los años ochenta, el nivel del crimen juvenil se ha caído mucho durante los años noventa. Una razón es una reducción de demanda para las drogas (la cocaína y la coca intensificada).

El sistema de justicia delictiva consisten en la policía, las cortes, y los sistemas correccionales. Hay cuatro maneras de enfocar a la regulación y el castigo de delincuentes – la disuasión, la retribución, la incapacitación, y la rehabilitación.

La disuasión es la amenaza de castigo desagradable. La pena de muerte es una forma extrema de la disuasión. Los estadounidenses tienen varias opiniones en la eficacia de la pena capital.

La retribución es el castigo que requiere que los delincuentes paguen compensación por sus crímenes. Se lleva a cabo bajo la dirección de las cortes. No se permiten a los individuos buscar la retribución personal.

El encarcelamiento quita al delincuente de la sociedad y lo pone en la cárcel.

La rehabilitación trata de resocializar al delincuente. Muchas cárceles tienen programas que les enseñan a los delincuentes la destrezas sociales y de trabajo que ellos necesitarán para vivir con éxito en la sociedad. Sin embargo, un gran porcentaje de los delincuentes regresan a sus hábitos negativos. Esto se llama el recidivismo.

Las alternativas a la encarcelación incluyen la probación, las programa comunitarias, y las estrategias de diversión que le dan el tratamiento para ayudar al delincuente.

Capítulo 7 — PRÁCTICA DE VOCABULARIO

Indicaciones: Si encuentra una oración falsa, coloque nuevamente la palabra subrayada con una que haga verdadera la oración. Algunas de estas oraciones son verdaderas y se pueden dejar tal como aparecen. Debe escribir todas las respuestas en inglés.

_____ 1. Una persona que se compromete sólo en situaciones ocasionales se está comprometiendo a una <u>retribución</u>.

_____ 2. El <u>crimen</u> es un comportamiento que viola la ley.

_____ 3. Un comportamiento que se aleja de las normas de la sociedad se considera <u>reincidencia</u>.

_____ 4. La <u>desviación</u> trata de resocializar a los delincuentes de manera que puedan ser miembros productivos de la sociedad.

_____ 5. Un crimen cometido por personas respetables como parte de su trabajo se denomina <u>crimen laboral</u>.

_____ 6. Los métodos que emplea una sociedad para promover conformidad se les conoce como <u>control social</u>.

_____ 7. La <u>teoría de clasificación</u> trata de pagar una indemnización por crímenes por actos ilegales.

_____ 8. Un <u>estigma</u> es una característica de una persona que otros utilizan para no aceptarla socialmente.

• •

_____ 9. Una <u>encarcelamiento</u> consiste en una recompensa o castigo que estimula a cierto comportamiento en las personas.

_____

_____ 10. Una persona que frecuentemente se comporta de manera anormal llegando a formar una parte importante de su vida está sometiéndose a una <u>desviación primaria</u>.

_____

_____ 11. La <u>teoría de asociación diferencial</u> establece que la desviación se aprende al asociarse, frecuentemente, con personas de comportamiento anormal.

_____

_____ 12. En la <u>desviación secundaria</u>, a los crímenes cometidos contra los miembros de una clase social baja no se les da la misma importancia que a los cometidos en contra de las clases sociales altas.

_____

_____ 13. La <u>rehabilitación</u> se origina cuando una persona vuelve a un comportamiento criminal.

_____

Capítulo 7

PRÁCTICA DE REPASO

Verdadero o Falso: Decida si la oración es verdadera o falsa y escriba en los espacios en blanco T o F según sea el caso. Vuelva a escribir las oraciones falsas para que sean verdaderas. Debe escribir todas las respuestas en inglés.

_____ 1. El funcionalismo establece que la desviación siempre tiene un impacto negativo en la sociedad.

_____ 2. El mayor problema con los Informes Criminalísticos Regulares del FBI es que dos tercios de los crímenes nunca son reportados a la policía.

_____ 3. Mientras menos se relacione la persona con un grupo, se adaptará mejor a las normas de comportamiento de éste.

_____ 4. El comportamiento de los electores que reclamaban por el derecho a voto a principios de los 90, no puede calificarse como una desviación ya que su causa era moral y justa.

_____ 5. La rehabilitación trata de resocializar a los delincuentes de manera que puedan convertirse en miembros productivos para la sociedad.

_____ 6. Una mayor distinción del crimen laboral es que la persona lo comete como parte de su trabajo.

Alternativas Múltiples: Escriba en los espacios en blanco, la letra de la respuesta correcta.

_____ 7. La teoría de clasificación establece que
   a) en la actualidad la mayoría de los jóvenes se someten a una desviación secundaria.
   b) la definición de la desviación depende siempre de la persona que se somete a una comportamiento.
   c) las personas podrían rechazar una meta pero aún continúan utilizando los medios legales para alcanzarla.
   d) mientras una persona pase más tiempo con un grupo, se adaptará mejor al comportamiento de éste.

_____ 8. La mayor razón para el encarcelamiento es que
   a) las personas no pueden cometer crímenes si se encuentran en prisión.
   b) las personas que se encuentran en prisión estarán más dispuestas a dar una retribución que aquellas que no lo están.
   c) la posibilidad de futuros crímenes cometidos por las personas encarceladas es menor a la de aquellos que salieron impunes de su delito.
   d) es la manera menos costosa de tratar con delincuentes.

•••

_____ 9. ¿Cuál de las siguientes alternativas NO forma parte del sistema judicial contra el crimen?
   a) policía
   b) personas apresadas por violar la ley
   c) sistema legal
   d) instituciones correccionales

_____ 10. A George se le han negado muchos ascensos en su trabajo. A pesar de que siente que se le ha tratado injustamente y que ya no quiere el ascenso, sigue trabajando duro. ¿Cuál de las siguientes alternativas define mejor su comportamiento?
   a) innovación
   b) ritualidad
   c) rebelión
   d) desviación primaria

Respuestas Cortas: Responda las siguientes preguntas con una o dos oraciones completas. Debe escribir todas las respuestas en inglés.

11. Explicar qué significa internalizar una norma social. Dar un ejemplo de una norma que usted ha internalizado.

_____

_____

_____

_____

_____

12. ¿Cree usted que la mayoría de los jóvenes se someten a una desviación primaria? Si/No ¿Por qué?

_____

_____

_____

_____

_____

13. Nombrar las dos vías por las cuales la administración de su escuela emplea el control social sobre los estudiantes.

_____

_____

_____

_____

Capítulo 8
ANÁLISIS DE LOS OBJETIVOS DEL APRENDIZAJE

Indicaciones: Responda las siguientes preguntas según las lecturas del capítulo. Debe escribir todas las respuestas en inglés.

1. En la novela clásica de George Orwell *Animal Farm*, ¿cuál es el significado del lema "Todos los animales son iguales" adaptado a "Todos los animales son iguales, pero algunos animales son más iguales que otros"?

   _____

   _____

   _____

2. Explicar la relación entre estratificación social y clase social.

   _____

   _____

   _____

   _____

   _____

3. Discutir las tres dimensiones de la estratificación.

   _____

   _____

   _____

   _____

   _____

   _____

   _____

   _____

   _____

• •

4. Explicar brevemente la teoría funcional de la estratificación social.

_____

_____

_____

_____

_____

5. Explicar brevemente la teoría del conflicto de la estratificación social.

_____

_____

_____

_____

_____

6. Explicar brevemente la teoría interaccionista simbólica de la estratificación social.

_____

_____

_____

_____

_____

7. Nombrar los rasgos característicos de la clase alta en los Estados Unidos.

_____

_____

_____

_____

_____

_____

_____

_____

8. Nombrar los rasgos característicos de la clase media en los Estados Unidos.

_____

_____

_____

_____

_____

_____

9. Nombrar los rasgos característicos de la clase trabajadora en los Estados Unidos.

_____

_____

_____

_____

_____

_____

10. Nombrar los rasgos característicos de los trabajadores con discapacidad en los Estados Unidos.

_____

_____

_____

_____

11. Nombrar los rasgos característicos de la subclase en los Estados Unidos.

_____

_____

_____

_____

_____

12. ¿Cuál es la diferencia entre pobreza absoluta y pobreza relativa?

_____

_____

_____

_____

_____

_____

13. Discutir la magnitud y extensión de la pobreza en los Estados Unidos.

_____

_____

_____

_____

_____

_____

14. Definir la inestabilidad social en los Estados Unidos.

_____

_____

_____

_____

_____

15. ¿Cuál es el pronóstico para la inestabilidad social en los Estados Unidos.

_____

_____

_____

_____

_____

88

Chapter 8 — SOCIAL STRATIFICATION

Capítulo 8 — LA ESTRATIFICACIÓN SOCIAL

KEY POINTS

LOS PUNTOS PRINCIPALES

Section 1 – Dimensions of Stratification

Social stratification is the division of society into classes (or layers) of people who have unequal shares of the resources of the society—such as wealth, power or prestige.

Each layer in the system of stratification is a social class—a part of the population whose members are similar in lifestyle, values, and the amount of resources they have.

Marx studied the economic dimension of stratification. He said that industrial societies would become divided into two classes. The proletariat would work, have very little money, power and prestige, and would be ruled by the bourgeoisie. The bourgeoisie would be the rulers and they would have most of the money, power and prestige. Marx said that the bourgeoisie would control the society because they controlled the economy.

Income is the amount of money that an individual receives in a defined period of time. Wealth is all of the money and things of value that an individual owns. In the United States, there is income inequality and wealth inequality. A small percentage of people have a large amount of income and wealth.

Weber studied power in society. He said that people who are wealthy, educated, famous, or who have a large number of followers may become powerful members of society.

Prestige is the recognition, respect, and admiration that people attach to a social position. Prestige is defined by the group or the culture. People with prestige in one group may not have prestige outside of their group.

In America, people value the acquisition of wealth, so prestige is connected with wealth. But people who are highly educated and highly trusted also receive prestige.

Sección 1 – Las Dimensiones de la Estratificación

La estratificación social es la división de una sociedad entre clases (o entre capas) de personas que tienen porciones desiguales de los recursos de la sociedad – como la riqueza, el poder, o el prestigio.

Cada capa en el sistema de estratificación es una clase social—una parte de la población cuyos miembros son similares en el estilo de vida, los valores, y la cantidad de recursos que tienen.

Marx estudió la dimensión económica de la estratificación. Él dijo que las sociedades industriales se dividirían en dos clases. El proletariado trabajaría, tendría muy poco dinero, poder y prestigio, y la burguesía lo gobernaría. La burguesía sería los gobernantes y tendría la mayoría del dinero, poder y prestigio. Marx dijo que la burguesía controlaría la sociedad porque controlaría la economía.

El ingreso monetario es la cantidad de dinero que un individuo recibe en un período definido de tiempo. La riqueza personal es todo el dinero y cosas de valor que posee un individuo. En los Estados Unidos, hay una desigualdad de los ingresos que tiene la gente y una desigualdad de riqueza que tiene. Un porcentaje bajo de la gente tiene una cantidad grande de ingresos y riqueza.

Weber estudió el poder en la sociedad. Él dijo que las personas que son ricas, educadas, famosas, o que tienen un grupo de subordinados fieles se puedan volver los poderosos de la sociedad.

El prestigio es el reconocimiento, el respeto, y la admiración que las personas conectan a una posición social. El grupo o la cultura define qué determina el prestigio. Es posible que las personas prestigiosas dentro de

Section 2 – Explanations of Stratification

The functionalist theory of stratification says that inequality assures that the most qualified people have the most important positions in society. Certain jobs are more important than others, require more education, and therefore, receive more money and prestige. People choose to do the work needed to achieve these positions.

The conflict theory of stratification says that inequality exists when some people exploit other people. Stratification occurs because people are forced into certain social conditions. The powerful promote their beliefs and create a false consciousness so that all segments of society believe these things.

The symbolic interactionist perspective says that people achieve their level in society through hard work and the use of their abilities. The system is fair because everyone may work hard to achieve his goals.

Section 3 – Social Classes in America

Americans did not develop class consciousness—an identification with the goals and interests of the members of one's social class.

The upper class has two parts. The upper-upper class consists of people whose families are wealthy and prestigious. The lower-upper class consists of people who have worked very hard to achieve wealth and education. Frequently, the upper-upper class does not mix with the lower-upper class.

Between 40 and 50 percent of Americans are in the middle class. Fourteen percent of these are in the upper-middle class. They have good education and good income. They are involved in the professions or the military. They do not have great power, but they are involved in political organizations.

The rest of the middle class owns businesses or farms, has professions such as teachers, social workers or managers, and earn an income that is at about the national average. Most have a high school education or some college, and many are involved in political organizations.

un grupo no tengan el prestigio fuera de su grupo.

En los EE.UU., las personas valoran la adquisición de riqueza, por eso, conectan el prestigio con la riqueza. Pero las personas que son muy educadas y muy confiables también reciben la imagen de prestigio.

Sección 2 – Las Explicaciones para la Estratificación

La teoría funcionalista de estratificación dice que la desigualdad asegura que las personas más calificadas tienen las posiciones más importantes en la sociedad. Ciertas ocupaciones son más importantes que otras, requieren más educación, y por consiguiente, reciben más sueldo y prestigio. Unas personas deciden que van a hacer lo que necesite para lograr en estas posiciones.

La teoría de conflicto de estratificación dice que la desigualdad existe cuando algunas personas se aprovechan de otras. La estratificación ocurre porque algunos se sienten obligados tolerar ciertas condiciones sociales. La gente poderosa promueve lo que cree, y causa una conciencia falsa para asegurar que todos los segmentos de la sociedad la siguen.

La perspectiva simbólico-interaccionista dice que el individuo logra su nivel en la sociedad por medio del trabajo duro y el uso de sus habilidades. El sistema es justo porque todo el mundo puede trabajar para lograr sus metas.

Sección 3 – Las Clases Sociales en los Estados Unidos

Los estadounidenses no desarrollaron "la conciencia de clase"—una identificación con las metas e intereses de los miembros de la clase social suya.

La clase alta tiene dos partes. La clase muy alta consiste en las personas cuyas familias son ricas y prestigiosas. La clase-alta más baja consiste en las personas que han trabajado mucho para obtener riqueza y educación. Frecuentemente, la clase muy alta no socializa con la clase-alta más baja.

Entre 40 y 50 por ciento de la población norteamericana es de la clase media. Catorce por ciento de éstos están en la clase-media

The working class is the largest segment of American society—30% of the population. These people are roofers, truck drivers, and clerical workers. Their economic resources are less that of the middle class. They have below average income. They often do not have health insurance or retirement benefits. They sometimes join political organizations.

The working poor—13% of the population—consists of people in unskilled jobs with low pay. They are laborers or service workers. Their income is below the poverty level. They do not participate in the political process.

The underclass—12% of the population—consists of people who are usually unemployed and who come from families that have a history of unemployment. They are not highly educated. They work at menial jobs. Many have mental or physical disabilities. Many receive public assistance. Many are unmarried mothers with little income.

Section 4 – Poverty in America

Absolute poverty means that one does not have enough money to buy the necessities for life. Relative poverty is the comparison of economic conditions of the members of a society. Using this measure, the definition of poverty varies between the United States and other countries.

Poverty affects: minorities, female-headed households, children less than 18 years old, the elderly, disabled people, and people living alone or with non-relatives.

The rate of poverty is 6% for whites, and 27% for African Americans and Latinos. African Americans and Latinos are 25% of the population in the United States, but they are 50% of the poor.

Households headed by females are poorer than those headed by males. Related to this is the poverty rate for children under 6 years old. Sociologists refer to this as the feminization of poverty. Reasons for this include that women earn less than men, women have more trouble finding steady work, and the need to care for children makes it difficult for women to keep working.

In the 1960s, President Johnson began the "War on Poverty." Programs to improve the

alta. Ellos tienen la educación buena y el ingreso bueno. Ellos trabajan en las profesiones o en el ejército. Ellos no tienen mucho poder, pero ellos se afilian con organizaciones políticas.

El resto de las personas de la clase media – la clase-media más baja – son los dueños de negocios o de granjas, trabajan en profesiones como maestro, asistente social, o gerente, y su sueldo es el ingreso medio nacional. La mayoría tiene una educación secundaria o superior, y muchos son miembros de organizaciones políticas.

La clase obrera es el segmento más grande de sociedad norteamericana – 30% de la población. Estas personas son techadores, camioneros, y obreros clericales. Sus recursos económicos son menos de los de la clase media. Ellos ganan menos del ingreso medio nacional . Frecuentemente, ellos no tienen seguro de salud ni los beneficios de jubilación. Ellos se juntan raramente las organizaciones políticas.

Los pobres que trabajan – 13% de la población – consisten en las personas que trabajan en las vocaciones inexpertas y que reciben el sueldo bajo. Ellos son trabajadores semicualificados (o de turno) u obreros en el sector de servicios. Su ingreso es menos del mínimo vital (el nivel de pobreza). Ellos no participan en el proceso político.

La clase muy pobre – 12% de la población—consiste en las personas que son normalmente desempleadas y que vienen de familias que tienen una historia de desempleo. Ellos no tienen mucha educación. Ellos trabajan en las vocaciones ordinarias y bajas. Muchos tienen incapacidades físicas o mentales. Muchos reciben la ayuda pública. Muchas son madres solteras con ingreso bajo.

Sección 4 – La Pobreza en los Estados Unidos

La pobreza absoluta quiere decir que un individuo no tiene bastante dinero para comprar las necesidades para la vida. La pobreza relativa es la comparación entre condiciones económicas de los miembros de una sociedad. Con esta medida, la definición de pobreza varía entre los Estados Unidos y otros países.

future for young people, and work experience programs were begun. Welfare programs gave money and food to poor Americans. Not all of the programs were successful.

Welfare represents about 3% of the federal budget. Many Americans believe (incorrectly) that the government spends much more money on welfare. In the 1990s, welfare reform programs began to help families that receive welfare become members of the workforce. Time limits were placed on benefits. Many people who left the welfare system and took jobs are working in low-paying jobs, many work at night, and many do not receive health insurance from their job.

Section 5 – Social Mobility

Social mobility occurs when people move between social classes. Horizontal mobility occurs when someone changes jobs but does not change class. Vertical mobility occurs when a change in occupation or status creates a move in social class. The change can be upward or downward.

When change in class occurs from one generation to the next – when a laborer's child becomes a doctor—it is known as intergenerational mobility.

When people are not permitted to engage in vertical mobility, the culture has a caste system. Class and status are assigned at birth. Tradition, religion, and law keep a caste system in place. When people in a society are permitted to change class, the society has an open class system. America has a relatively open class system.

La pobreza afecta: las minorías, las casas encabezadas por hembras, los niños menos de 18 años, los viejos, las personas inválidas, y las personas que viven por sí solas o con personas que no son sus familiares.

El tipo de pobreza es 6% para los blancos, y 27% para los afroamericanos y los latinos. Los afroamericanos y los latinos son 25% de la población estadounidense, pero son 50% de los pobres.

Las casas encabezadas por las hembras son más pobres que las casas encabezadas por los varones. Relacionado es el tipo de pobreza para los niños menos de 6 años de edad. Los sociólogos se refieren a este fenómeno como "la feminización de la pobreza." Las razones para esto incluyen que las mujeres ganan menos que los hombres, las mujeres tienen más dificultad en encontrar el trabajo fijo, y ellas tienen que cuidar a los niños—se lo hace difícil continuar trabajando.

En los años 60, el Presidente Johnson empezó la "Guerra Contra la Pobreza." Él empezó los programas para mejorar el futuro de los jóvenes, y los programas de experiencia ocupacional. Los programas de asistencia pública dieron dinero y comida a los pobres. No todos los programas tuvieron éxito.

La asistencia pública representa aproximadamente 3% del presupuesto federal. Muchos norteamericanos creen (incorrectamente) que el gobierno gasta mucho más dinero en la asistencia pública. En los años 90, los programas para reformar la asistencia pública empezaron a ayudar a las familias que recibían la asistencia pública a entrar en el mundo de trabajo. Se promulgaron los límites de tiempo en los beneficios. Muchas personas que dejaron del sistema de asistencia pública y tomaron los trabajos reciben un sueldo muy bajo. Muchas trabajan las noches, y muchas no reciben seguro de salud.

Sección 5 – La Movilidad Social

La movilidad social ocurre cuando las personas mueven entre las clases sociales. La movilidad horizontal ocurre cuando alguien cambia de ocupación pero no cambia de clase. La movilidad vertical ocurre cuando un

cambio de ocupación o del estado causa un movimiento en la clase social. El cambio puede ser hacia arriba o hacia abajo.

Cuando el cambio de la clase ocurre entre una generación y la próxima – cuando el niño de un obrero se hace doctor, por ejemplo – es la movilidad intergeneracional.

Cuando la sociedad no permite que las personas puedan probar la movilidad vertical, la cultura tiene un sistema de casta. Al momento de su nacimiento, el sistema les asigna la clase y el estado social. La tradición, la religión, y la ley mantienen los sistemas de casta. Cuando la sociedad permite que las personas puedan cambiar de clase, la sociedad tiene un sistema de clase abierta. En los Estados Unidos, hay un sistema de clase relativamente abierta.

Capítulo 8   PRÁCTICA DE VOCABULARIO

Indicaciones: Escriba el término correcto para cada definición, poniendo una letra en cada recuadro. Las letras encerradas en los círculos formarán la respuesta a la pregunta que está al final de la práctica. Debe escribir todas las respuestas en inglés.

1. El total de los recursos económicos que tiene una persona.

   ⬜⬜⬜⬜⬜⬜

2. Cambiar de un puesto de trabajo a otro dentro de la misma clase social.

   ⬜⬜⬜⬜⬜⬜⬜⬜⬜ ⬜⬜⬜⬜⬜⬜⬜

3. El respeto, reconocimiento y admiración ligados a una posición social específica.

   ⬜⬜⬜⬜⬜⬜⬜⬜

4. Las personas cuyos trabajos requieren de poca habilidad y cuyos ingresos están por debajo del nivel de la pobreza.

   ⬜⬜⬜⬜⬜⬜⬜ ⬜⬜⬜⬜

5. Cambiar de un puesto de trabajo en una clase social a otro en una clase social diferente.

   ⬜⬜⬜⬜⬜⬜⬜⬜ ⬜⬜⬜⬜⬜⬜⬜⬜

6. Cuando una clase menos poderosa adopta las ideas de la clase dominante.

   ⬜⬜⬜⬜⬜ ⬜⬜⬜⬜⬜⬜⬜⬜⬜⬜⬜⬜

7. El cambio de clase de una generación a otra.

   ⬜⬜⬜⬜⬜⬜⬜⬜⬜⬜⬜⬜⬜⬜⬜⬜⬜

   ⬜⬜⬜⬜⬜⬜⬜

8. La parte de la sociedad cuyos miembros tienen una cantidad similar de recursos, como dinero y propiedades, y comparten valores y un estilo de vida identificable.

   ⬜⬜⬜⬜⬜⬜ ⬜⬜⬜⬜⬜

• •

9. Cuando los individuos o grupos cambian de una a otra clase.

☐ ☐ ☐ ☐ ☐ Ⓞ   ☐ ☐ ☐ ☐ ☐ ☐

10. La estratificación social que no permite que las personas cambien de una clase a otra.

☐ Ⓞ ☐ ☐ ☐   ☐ ☐ ☐ ☐ ☐ ☐

11. La clasificación de las personas o grupos según la cantidad de recursos limitados que tiene cada grupo.

Ⓞ ☐ ☐ ☐ ☐ ☐   ☐ ☐ ☐ ☐ ☐ ☐ ☐ ☐ ☐ ☐ ☐ ☐

12. La clase de personas que posee los medios de producción.

☐ ☐ ☐ ☐ ☐ ☐ ☐ ☐ Ⓞ ☐ ☐

Pregunta: El segmento mayor de la sociedad, está compuesto principalmente de trabajadores que proporcionan mano de obra y cuyos ingresos están por debajo del promedio.

Respuesta: ☐ ☐ ☐ ☐ ☐ ☐ ☐   ☐ ☐ ☐ ☐ ☐

Capítulo 8

PRÁCTICA DE REPASO

Relacionar: Relacione cada descripción con la categoría más apropiada. Nota: Una de las categorías debe usarse dos veces. Debe escribir todas las respuestas en inglés.

_____ 1. un trabajador en una línea de fabricación automotriz.

_____ 2. una familia compuesta por un contador, un profesor de primaria, y dos niños pequeños.

_____ 3. una madre divorciada dos veces que trabaja como mesera en un restaurante de comida rápida y cuyo único ingreso es su sueldo.

_____ 4. una persona que no terminó la secundaria y que trabaja en una estación de gasolina recibiendo un pago mínimo.

_____ 5. un adulto proveniente de una larga línea de herencias de riquezas y que no trabaja para vivir.

_____ 6. una mujer que se ha convertido en multimillonaria por haber trabajado con ahínco para desarrollar una cadena de treinta ferreterías.

_____ 7. una mujer discapacitada que vive en una casa-hogar subsidiada por el gobierno.

a) trabajadores con discapacidad (working poor)

b) clase media (middle class)

c) clase trabajadora (working class)

d) aristocracia (aristocracy)

e) subclase (underclass)

f) clase media-alta (lower-upper class)

Alternativas múltiples: Escriba en los espacios en blanco la letra de la respuesta correcta. Debe escribir todas las respuestas en inglés.

_____ 8. ¿Cuál de las siguientes alternativas debe ser verdadera para que se dé una estratificación social?
   a) deben haber recursos limitados y estos deben estar repartidos de manera equitativa entre todas las personas.
   b) deben haber recursos limitados y no deben repartirse de manera equitativa entre todas las personas.
   c) deben haber recursos ilimitados disponibles para todas las personas.
   d) debe haber un sistema de clases sociales.

_____ 9. La clase mayor en los Estados Unidos es el (la) _____.
   a) aristocracia
   b) trabajador discapacitado
   c) subclase
   d) clase trabajadora

SPANISH SUPPLEMENT

• •

_____ 10. ¿Cuál de las siguientes alternativas describe mejor la perspectiva del interaccionismo simbólico sobre la estructura social?

   a) En los Estados Unidos, se les enseña a los niños que el trabajo duro y el talento de una persona determina su clase social.

   b) Una persona nace en una clase social específica y, debido al poder de aquellos que están por encima de ella, sus esperanzas de ascender de clase son mínimas.

   c) Los conflictos entre clases son inevitables y eventualmente conducirán a una sociedad sin clases.

   d) Se debe evitar tanto la inestabilidad horizontal como la vertical puesto que ambas conducen a una inestabilidad social.

Respuestas cortas: Responda a las siguientes preguntas con una o dos oraciones completas. Debe escribir todas las respuestas en inglés.

11. Enumere tres maneras de cómo una persona puede llegar a ser parte de la subclase.

_____

_____

_____

_____

_____

12. ¿Cómo cree que se sentiría nacer en una sociedad con un sistema de clases sociales? ¿Puede nombrar algunas ventajas y/o desventajas de esta situación?

_____

_____

_____

_____

_____

13. ¿Qué quiere decir el término afeminación de la pobreza?

_____

_____

_____

_____

_____

Capítulo 9 — ANÁLISIS DE LOS OBJETIVOS DEL APRENDIZAJE

Indicaciones: Responda las siguientes preguntas según las lecturas del capítulo. Debe escribir todas las respuestas en inglés.

1. ¿Cómo definen los sociólogos la minoría?

_____

_____

_____

_____

_____

2. Nombrar los cinco rasgos clave de la minoría.

_____

_____

_____

_____

_____

_____

3. Explicar la diferencia entre la concepción de los biólogos y la de los sociólogos acerca de la raza.

_____

_____

_____

_____

_____

_____

_____

_____

Name _____ Date _____ Period _____

• •

4. Mencionar qué definen los sociólogos como minoría étnica y discutir el tema de la separación.

_____

_____

_____

_____

_____

_____

_____

_____

5. Definir lo que es asimilación y explicar los cuatro modelos de relaciones raciales que se presentan en los Estados Unidos cuando los grupos de la minoría son aceptados por la mayoría.

_____

_____

_____

_____

_____

_____

_____

_____

_____

6. Nombrar y explicar los tres modelos de relaciones raciales que se presentan cuando los grupos de la minoría son rechazados por la mayoría.

_____

_____

_____

_____

_____

_____

• SPANISH SUPPLEMENT • • • •

7. Explicar por qué el racismo es una forma extrema de prejuicio.

_____

_____

_____

_____

8. Discutir la relación entre prejuicio y discriminación.

_____

_____

_____

_____

9. ¿Qué hace que una violación a la ley se convierta en un crimen por odio?

_____

_____

_____

_____

10. Explicar la relación entre crímenes por odio y estereotipos.

_____

_____

_____

_____

_____

11. Explicar como consideran los funcionalistas a las desigualdades raciales.

_____

_____

_____

_____

_____

_____

• •

12. Explicar cómo consideran los teóricos del conflicto a las desigualdades raciales.

_____

_____

_____

_____

_____

13. Explicar cómo consideran los interaccionistas simbólicos a las desigualdades raciales.

_____

_____

_____

_____

_____

14. ¿Por qué la legislación de los derechos civiles, aprobada en 1960, puso fin a los problemas de discriminación en los Estados Unidos?

_____

_____

_____

_____

15. Comparar, en términos generales, la condición de las minorías en Estados Unidos con la de la mayoría blanca.

_____

_____

_____

_____

_____

KEY POINTS

Section 1 – Minority, Race, and Ethnicity

A minority has five characteristics: (1) a minority has distinctive physical or cultural characteristics used to separate it from the majority; (2) the minority is dominated by the majority; (3) minority traits are often believed by the majority to be inferior; (4) members of the minority have a common sense of identity, with strong group loyalty; and (5) the majority determines who belongs to the minority through ascribed status.

Members of a race share certain biologically inherited physical characteristics and are seen by society as being part of a separate group. Biologists identify skin color, hair color, hair texture, facial features, head form, eye color, and height to determine race. Sociologists consider social attitudes that relate to race as more important.

There is no such thing as a pure race. There is no evidence that certain races have innate superiority or inferiority.

Cultural characteristics that members of a group share (nationality, for example) are used to define an ethnic minority. An ethnic minority is a subculture that has its own language, religion, values, beliefs, norms, and customs.

Negative attitudes toward ethnic minorities result from ethnocentrism—judging another culture with the standards of your own. This can lead to prejudice and discrimination.

Section 2 – Racial and Ethnic Relations

When a minority group blends into the greater society, assimilation occurs. When a group assimilates into society, its members are given full participation in all aspects of society.

Anglo-conformity occurs when the minority population accepts the ways of the

LOS PUNTOS PRINCIPALES

Sección 1 – La Minoría, la Raza, y la Etnicidad

Una minoría tiene cinco características: (1) una minoría tiene características físicas o culturales distintivas que la separaban de la mayoría; (2) la mayoría domina la minoría; (3) la mayoría cree que los rasgos minoritarios son inferiores; (4) los miembros de la minoría tienen un sentido común de identidad, con la lealtad fuerte al grupo; y (5) la mayoría determina quién pertenece a la minoría a través del estado atribuido.

Los miembros de una raza heredan ciertas características físicas por su biología, y se ve por la sociedad como un grupo separado. Los biólogos identifican una raza por el color de la piel, el color del pelo, la textura del pelo, los rasgos faciales, la forma de la cabeza, el color de los ojos, y la altura. Los sociólogos consideran que las actitudes sociales hacia una raza son más importantes.

No existe ninguna raza pura. No hay ninguna evidencia que ciertas razas tienen la superioridad innata ni la inferioridad connatural.

Las características culturales que los miembros de un grupo comparten (la nacionalidad, por ejemplo) se usa para definir una minoría étnica. Una minoría étnica es una subcultura que tiene su propio idioma, religión, valores, creencias, normas, y costumbres.

Las actitudes negativas hacia las minorías étnicas son el resultado del etnocentrismo—juzgar otra cultura con las normas de su propia cultura. El prejuicio y la discriminación resultan frecuentemente.

Sección 2 – Las Relaciones Raciales y Étnicas

Cuando una minoría mezcla con la sociedad principal, la asimilación ocurre. Cuando un grupo asimila en la sociedad, sus

English white majority. The minority group abandons its own values.

The melting pot occurs when all ethnic and racial minorities blend together and create a new culture with parts of all the others. More recently, American history books refer to the idea of a cultural pluralism where the various cultures live side by side.

Accommodation is an extreme form of cultural pluralism. The minority culture maintains its unique way of life and seldom deals with the majority culture. The Amish in Pennsylvania is an example of accommodation.

Patterns of conflict used against minority populations are: (1) genocide—the destruction of an entire population; (2) population transfer—the resettlement of a population in another place; and (3) subjugation—the denial of equal access to the culture and lifestyle of the larger society.

Section 3 – Theories of Prejudice and Discrimination

Prejudice refers to preconceptions of a group and its individual members. Prejudice comes from generalization made using incomplete or incorrect information. Emotions are connected to these beliefs. It is difficult to change prejudiced attitudes. Racism is an extreme form of prejudice. It is based upon the belief that your racial group is superior to another racial group.

Discrimination means treating people unequally because of prejudiced attitudes. Discrimination can lead to violence known as hate crimes. A hate crime is a criminal act that is motivated by extreme prejudice against people based upon race, religion, sexual orientation, national origin, or ancestry.

A stereotype is a set of ideas—based upon distortion, exaggeration, and oversimplification—that is applied to all members of a group. Stereotypes are used to justify discrimination.

The functionalist perspective explains the positive aspects of discrimination. In order to discriminate, the majority population must consider itself to be superior. This belief strengthens the self-concept of the majority group.

miembros participan completamente en todos los aspectos de la sociedad—sin barreras.

La "anglo-conformidad" ocurre cuando la población minoritaria acepta las maneras de la mayoría blanca (angloamericana). El grupo minoritario abandona sus propios valores.

La idea del "fundidor" ocurre cuando todas las minorías étnicas y raciales mezclan juntas y crean una nueva cultura que contiene las partes de todas las otras. Más recientemente, los libros de la historia norteamericana se refieren a la idea de un pluralismo cultural en el cual las varias culturas viven lado a lado.

El "amoldamiento" es una forma extrema del pluralismo cultural. La cultura minoritaria mantiene su único estilo de vida y interactúa raramente con la mayoría. Los Amish en Pennsylvania es un ejemplo del amoldamiento.

Los modelos de conflicto usados contra las poblaciones minoritarias son: (1) el genocidio—la destrucción de una población entera; (2) el traslado de la población—el restablecimiento de una población en otro lugar; y (3) la subyugación – la denegación de acceso igual a la cultura y estilo de vida de la sociedad general.

Sección 3 – Las Teorías del Prejuicio y de la Discriminación

El prejuicio se refiere a las preconcepciones de un grupo y cada uno de sus miembros. El prejuicio viene de generalizaciones que surgen de información incompleta o incorrecta. Un individuo (o su grupo) conecta muchas emociones a estas creencias. Es difícil cambiar las actitudes prejuiciadas. El racismo es una forma extrema del prejuicio. Es basado en la creencia que el grupo racial del individuo es superior a otro grupo racial.

La discriminación ocurre cuando una persona trata a otras personas desigualmente debido a las actitudes prejuiciadas. La discriminación puede llevar a la violencia – los crímenes de odio. Un "crimen de odio" es un hecho delictivo cuya motivación es el prejuicio extremo contra una víctima debido a la raza, la religión, la orientación sexual, el origen nacional, o el linaje del individuo.

Un estereotipo consiste en ideas basadas

According to the conflict perspective, discrimination is used to control a minority. This increases the control that the majority has over property, goods, and resources.

The symbolic interactionist perspective says that members of a society learn prejudice. In the pregeneralized learning period, children hear prejudiced statements but do not yet attach them to groups of people. In the total rejection stage, they use physical clues to sort people into groups and then they reject all members of the group.

Self-fulfilling prophecy is an expectation that leads to certain behavior. If a person believes that he is expected to think or behave a certain way, he will do this whether his thoughts and abilities say otherwise or not.

Section 4 – Minority Groups in the United States

Institutionalized discrimination involves unfair practices that come from common behaviors and attitudes. These attitudes are part of the structure of the society. They cause minorities to have fewer opportunities than whites.

Thirteen percent of the U.S. population is African American. It is possible to identify African Americans from their physical characteristics. This makes it easy to create negative stereotypes that justify discrimination. Because African Americans used to be slaves in America, upward mobility in the modern age is still difficult. Differences in education and job opportunity have led to increased unemployment and lower pay and prestige for African Americans. Since the 1970s, the economic and political power of African Americans has increased greatly.

Latinos come from throughout Mexico, Central America, South America, and the Caribbean. By the year 2050, Latinos will represent 25% of the US population. People of Latin heritage are different from one another – people from Mexico are different from people from Cuba or Puerto Rico. The level of education among Latinos is less than that of white Americans. A little more than 50% of Latino adults finish high school. The average income for Latinos is less than that for whites

en la distorsión, la exageración, y la simplificación. Se aplica los conceptos a todos los miembros de un grupo. Se usa los estereotipos para justificar la discriminación.

La perspectiva funcionalista explica unos aspectos positivos de la discriminación. Para discriminar, la población de la mayoría se considera que sea superior. Esta creencia fortalece el concepto personal de la mayoría.

Según la perspectiva de conflicto, la discriminación existe para controlar a una minoría. Sirve para aumentar el dominio que la mayoría tiene de la propiedad, los bienes, y los recursos.

La perspectiva simbólico-interaccionista dice que los miembros de una sociedad aprenden el prejuicio. En el período de aprendizaje pregeneralizado, los niños oyen las declaraciones prejuiciadas pero no las asocian a ciertos grupos de personas. En la fase de repudio total, los niños usan los indicios físicos para categorizar a personas, y después, para rechazar a todos los miembros del grupo.

"La profesía auto-inducida" es una expectación que se guía a la conducta específica. Una persona piensa que otra persona tiene un concepto de su personalidad, o que otra persona espera que vaya a comportarse en alguna manera. Debido a esta creencia, la persona se comporta según estas expectaciones aunque sus propios pensamientos y habilidades lo guían de otro modo.

Sección 4 – Los Grupos Minoritarios en los Estados Unidos

La discriminación institucionalizada consiste en prácticas injustas que vienen de las conductas comúnes y de las actitudes. Estas actitudes vienen de la estructura de la sociedad. Sus resultados son que las minorías tienen menos oportunidades que tienen los blancos.

Trece por ciento de la población norteamericana consiste en afroamericanos. Es posible identificar a los afroamericanos por sus características físicas. Y entonces, es fácil crear estereotipos negativos que justifican la discriminación. La movilidad hacia arriba en la edad moderna todavía es difícil porque los afroamericanos eran esclavos en América. Las diferencias en la educación y las oportunidades

but higher than that for African Americans. Many Latinos work in semi-skilled jobs. Many (especially Mexican Americans) work in the migrant work industry. Politically, Latinos are becoming very strong in the United States.

There are two million Native Americans in the US. They suffer from hundreds of years of discrimination and poverty. Native Americans have the lowest annual income of any minority group. Only 20% hold managerial or high-level jobs. Native Americans who live on reservations earn $16,000 per year. Fewer Native Americans graduate from high school than do other minorities, and many do not go on to higher education. They have very limited political power.

Eleven million Asian Americans live in the United States. They come from many different national and cultural backgrounds. Although subject to discrimination, Asian Americans have been a very successful immigrant group. Chinese immigrants did railroad work in the 1850s, but now they hold positions of prestige and power in business, science, and education. Japanese Americans overcame the discrimination and forced relocation during World War II and are now one of the most successful minority groups in the United States. Asian Americans are successful because they use the education system to achieve upward mobility. Forty-two percent of Asian Americans complete college, compared with 25% of whites.

White ethnics are the descendants of immigrants from Eastern and Southern Europe. They assimilated into the American culture. They tend to be liberals, in favor of environmental protection, and accepting of other minorities.

de trabajo han llevado a un nivel aumentado de desempleo, a sueldos bajos, y a prestigio bajo para los afroamericanos. Desde los años setenta, el poder económico y político de afroamericanos ha aumentado mucho.

Los latinos vienen de todas partes de México, de Centroamérica, de Sudamérica, y del Caribe. En el año 2050, los latinos representarán 25% de la población norteamericana. Las personas de herencia latina son muy variadas – las personas de México son diferentes de las personas de Cuba o de Puerto Rico. El nivel de educación entre los latinos está menos de eso de los norteamericanos blancos. Un poco más de 50% de adultos latinos completa la escuela secundaria. El ingreso medio de los latinos es menos del ingreso de los blancos y es más del ingreso de los afroamericanos. Muchos latinos tienen trabajos semicualificados. Muchos (especialmente los mexicanoamericanos) son trabajadores migratorios. Políticamente, los latinos se hacen muy poderosos en los Estados Unidos.

Hay dos millones de nativoamericanos en los EE.UU. Ellos sufren de centenares de años de discriminación y de pobreza. Los nativoamericanos tienen la renta anual más baja de cualquier grupo minoritario. Sólo 20% tiene trabajos de alto nivel. Los nativoamericanos que viven en las reservaciones ganan $16,000 el año. Menos nativoamericanos gradúan de la escuela secundaria que otras minorías, y muchos no extienden su educación. Ellos tienen el poder político muy limitado.

Once millones de asiáticoamericanos viven en los Estados Unidos. Ellos vienen de muchos países y culturas diferentes. Aunque eran víctimas de la discriminación, los asiáticoamericanos han sido un grupo inmigrante muy exitoso. Los inmigrantes chinos construyeron los ferrocarriles en los 1850s, pero ahora ellos tienen posiciones de prestigio en el negocio, en las ciencias, y en la educación. Los japoneses vencieron la discriminación y la relocalización forzada durante la Segunda Guerra Mundial y ahora son la minoría más exitosa en los Estados Unidos. Los asiáticoamericanos tienen el éxito porque ellos usan el sistema de educación para

alcanzar la movilidad. 42% de asiáticoamericanos gradúa de la universidad—solamente 25% de blancos lo hace.

Los ethnics blancos son los descendientes de inmigrantes de Europa Oriental y de Europa del sur. Ellos asimilaron en la cultura norteamericana. Usualmente, ellos son liberales, favorecen la protección de la naturaleza, y aceptan a las otras minorías.

Capítulo 9   PRÁCTICA DE VOCABULARIO

Indicaciones: Complete las oraciones empleando las palabras de la siguiente lista. Debe escribir todas las respuestas en inglés.

asimilado(a) (assimilated)
pluralismo cultural (cultural pluralism)
discriminar (discriminate)
genocidio (genocide)
crimen por odio (hate crime)
desempleados(as) ocultos(as) (hidden unemployed)

discriminación institucionalizada (institutionalized discrimination)
minoría (minority)
raza (race)
profecía autosatisfactoria (self-fulfilling prophecy)
estereotipo (stereotype)
subyugación (subjugation)

• •

1. Un(a) _____ es un grupo con rasgos físicos o culturales reconocibles que difieren de los del grupo dominante.

2. Cuando un grupo minoritario se integra dentro de la sociedad dominante, se dice que tiene un(a) _____.

3. Cuando usted _____ a alguien, lo está tratando diferente por razones étnicas, raciales, religiosas o culturales.

4. El (la) _____ se presenta cuando existe una mezcla de tradiciones, religiones y culturas en una sociedad.

5. El término _____ se refiere a la destrucción sistemática de toda una población.

6. Un acto criminal motivado por prejuicios se denomina _____.

7. Cualquier injusticia que se ha vuelto parte de la estructura de una sociedad es un ejemplo de un(a) _____.

8. Cuando las personas comparten determinadas características físicas heredadas y son consideradas como un grupo distinto, se dice que es un(a) _____.

9. Cuando las expectativas de una persona originan que actúe de cierta manera para así poder cumplirlas, se dice que es un(a) _____.

10. Toda imagen preconcebida de manera distorsionada o exagerada de un grupo de personas es considerada como un(a) _____.

11. El (la) _____ es un modelo de conflicto en el que una minoría niega el acceso a la cultura y al estilo de vida de la cultura dominante.

12. Las personas que han tenido tantas dificultades para encontrar trabajo y que ya no están buscando uno son parte de un(a) _____.

Capítulo 9

PRÁCTICA DE REPASO

Verdadero o Falso: Decida si la oración es verdadera o falsa y escriba en los espacios en blanco T o F según sea el caso. Vuelva a escribir las oraciones falsas para que sean verdaderas. Debe escribir todas las respuestas en inglés.

_____ 1. Las clasificaciones raciales son ampliamente arbitrarias.

_____ 2. En promedio, un graduado universitario blanco y uno afroamericano tendrán aproximadamente el mismo ingreso anual.

_____ 3. Cuando los grupos minoritarios no son asimilados surgen conflictos.

_____ 4. Los estudios muestran que algunos grupos raciales son mejores en matemáticas mientras que otros son mejores en lenguaje.

_____ 5. Los norteamericanos nativos tienen los ingresos más bajos de todos los grupos minoritarios estadounidenses.

Alternativas múltiples: Escriba en los espacios en blanco la letra de la respuesta correcta.

_____ 6. Asuma que ningún afroamericano vive en un suburbio adinerado de una ciudad grande en el medio oeste. Si bien es cierto no existe ninguna ley que les prohíba vivir en ese pueblo, los agentes de la propiedad inmobiliaria evitarán que adquieran propiedades y es bien sabido que la comunidad no los acogería afectuosamente. Este es un ejemplo de segregación _____.
   a) genocida
   b) de jure
   c) estereotípica
   d) de facto

_____ 7. ¿Cuál de las siguientes alternativas es un modelo de conflicto?
   a) adecuación
   b) pluralismo cultural
   c) subyugación
   d) amalgamación

_____ 8. Un(a) minoría _____ se define principalmente por las características culturales específicas.
   a) asimilada
   b) étnica
   c) racial
   d) estereotipada

• •

_____ 9. Cuando un grupo minoritario es aceptado por la mayoría, entonces se convierte en
a) asimilada.
b) estereotipada.
c) subyugada.
d) segregada.

_____ 10. La teoría del conflicto afirma que
a) la mayoría promueve la asimilación de las minorías con el fin de aumentar la estabilidad en la sociedad.
b) los miembros de una sociedad aprenden a ser prejuzgados así como también otros valores.
c) los prejuicios debilitan el auto-concepto del grupo mayoritario.
d) la mayoría utiliza al prejuicio y a la discriminación como armas para controlar a la minoría.

Respuestas cortas: Responda las siguientes preguntas con una o dos oraciones completas. Debe escribir todas las respuestas en inglés.

11. Cuando su clase vota entre dos opciones para un viaje, los que pierden son la minoría. ¿En qué manera difiere este uso del término minoría al que le dan los sociólogos?

_____

_____

_____

_____

12. Asuma que Paul está furioso con Mario por coquetear con su enamorada y lo golpea. Ahora cambie el escenario, y asuma que Paul golpea a Mario simplemente porque Mario es latino y Paul piensa que los latinos no pertenecen a su escuela suburbana, sino que deben permanecer en las ciudades de bajos recursos. ¿Piensa que el castigo de Paul debería ser más severo en el segundo caso que en el primero? Si/No ¿Por qué?

_____

_____

_____

_____

13. ¿En qué se diferencia el modelo de asimilación "amalgamación" del modelo "ensalada mezclada"?

_____

_____

_____

_____

Capítulo 10 ANÁLISIS DE LOS OBJETIVOS DEL APRENDIZAJE

Indicaciones: Responda las siguientes preguntas según las lecturas del capítulo. Debe escribir todas las respuestas en inglés.

1. Distinguir sexo, género e inclinación sexual.

_____

_____

_____

_____

_____

2. ¿Por qué es importante para los sociólogos definir y diferenciar entre sexo y género?

_____

_____

_____

_____

_____

3. Discutir las diferencias biológicas entre los sexos. ¿Estas diferencias explican el comportamiento según el género?

_____

_____

_____

_____

_____

_____

_____

• © The McGraw-Hill Companies • • •

4. Describir la influencia de la cultura en la formación del género.

_____

_____

_____

_____

_____

5. Explicar la perspectiva de los funcionalistas sobre el género.

_____

_____

_____

_____

_____

6. Explicar la perspectiva de los teóricos del conflicto sobre el género.

_____

_____

_____

_____

_____

7. Explicar la perspectiva de los interaccionistas simbólicos sobre el género.

_____

_____

_____

_____

_____

● SPANISH SUPPLEMENT ●

8. ¿Cómo influyen los padres en la adquisición del concepto de género?

_____

_____

_____

_____

9. ¿Cómo influye la escuela en la adquisición del concepto de género?

_____

_____

_____

_____

10. ¿Cómo influyen los amigos en la adquisición del concepto de género?

_____

_____

_____

_____

11. En resumen, describir el nivel de la mujer en los Estados Unidos.

_____

_____

_____

_____

12. Explicar cómo aborda el funcionalismo la discriminación por razón de edad.

_____

_____

_____

_____

_____

• •

13. Explicar cómo aborda la teoría del conflicto la discriminación por razón de edad.

_____

_____

_____

_____

_____

_____

14. Explicar cómo aborda el interaccionismo la discriminación por razón de edad.

_____

_____

_____

_____

_____

15. Discutir la desigualdad experimentada por los ancianos norteamericanos.

_____

_____

_____

_____

_____

_____

_____

_____

_____

_____

_____

_____

_____

116

Chapter 10 — INEQUALITIES OF GENDER AND AGE

Capítulo 10 — LAS DESIGUALDADES DE GÉNERO Y DE EDAD

KEY POINTS

LOS PUNTOS PRINCIPALES

Section 1 – Sex and Gender Identity

Sex is the biological distinction between male and female. Gender refers to the socially learned behaviors and expectations that are associated with the two sexes. Sex is biological, but gender is cultural. Biological determinism is the belief that behavioral differences between male and female are caused by biological traits. Gender identity is an awareness of being either masculine or feminine based upon culture.

Scientists have found differences in the brain structure of men and women. But there is no evidence that these differences cause male behavior and female behavior. In different cultures, men and women act very differently. Sometimes they act the same as one another—in a manner we would consider masculine or feminine—and sometimes they act in a way opposite of what we would consider masculine or feminine.

Sociologists state that gender-related behavior is not totally the result of biology. They say that a combination of biology and cultural forces shape human behavior.

Section 2 – Theoretical Perspectives on Gender

The functionalist perspective says that models of behavior emerge and remain important only if they benefit society. The division of labor and responsibilities in ancient cultures maintained the society. In modern society, these strict gender roles bring dysfunction.

The conflict theory says that it is advantageous to men that women do not receive access to political and economic power. The men can remain in control. In the modern postindustrial society, men and women have access to the same opportunities. According to the conflict theorists, women are free to choose their path.

Sección 1 – El Sexo y la Identidad de Género

El sexo es la distinción biológica entre el varón y la hembra. El género se refiere a las conductas y expectaciones que son asociadas con los dos sexos y que aprendemos por medio del proceso de socialización. El sexo es un asunto biológico, pero el género es un concepto cultural. El determinismo biológico es la creencia que los rasgos biológicos causan las diferencias conductuales entre el varón y la hembra. La identidad de género es un conocimiento de que un individuo es masculino o femenino basado en las normas de la cultura.

Los científicos han encontrado diferencias en la estructura del cerebro en los hombres y las mujeres. Pero no hay ninguna evidencia que estas diferencias causan la conducta masculina en hombres o la conducta femenina en mujeres. En las culturas diferentes, los hombres y las mujeres actúan muy diferentemente. A veces ellos actúan en la misma manera—de una manera que consideraríamos ser masculina o femenina—y a veces ellos actúan en una manera que opone lo que consideraríamos ser masculina o femenina.

Sociólogos declaran que esa conducta "género-relacionada" no es totalmente el resultado de las diferencias biológicas. Dicen que una combinación de la biología y las fuerzas culturales determina la conducta humana.

Sección 2 – Las Perspectivas Teóricas Sobre el Género

La perspectiva del funcionalista dice que los modelos de conducta ocurren y solamente mantienen su importancia si la sociedad recibe beneficios. La división de labor y responsabilidades en las culturas antiguas mantuvo la sociedad. En la sociedad moderna,

Symbolic interactionists concentrate on gender socialization—how boys and girls learn to act. An understanding of gender is acquired from parents, teachers, peers, and mass media. Parents give their children the values and attitudes about how boys and girls should behave. Teachers encourage different behaviors and skills in boys and girls. Peers encourage boys and girls to fit in with the accepted models of gender behavior. Those who do not conform risk rejection and a loss of self-esteem.

Section 3 – Gender Inequality

Sexism consists of the beliefs, attitudes, norms, and values that are used to justify gender inequality. The belief that men are superior to women has been used to justify men's powerful positions in the areas of economic, political, and social leadership.

During the last thirty years, the number of women who work outside the home has increased dramatically. Nevertheless, women workers are concentrated in lower paying jobs—occupational sex segregation. Even when women are in high-status professions, they seldom have the highest positions. There is a pay gap between men and women. Women earn only 74 cents to each dollar that a man earns. There is a larger pay gap in the U.S. than in other industrialized nations.

In some areas of law, there are inequalities between the way that men and women are treated, protected, or prosecuted.

Women are succeeding in politics at a higher rate than in the past. There are many women in offices such as governor, senator, representative, legislator, and mayor. There are female supreme court justices, and women in cabinet positions of the federal government. But compared to the population of women in the United States, there are still relatively few women in high political office.

Section 4 – Ageism

Ageism consists of the beliefs, attitudes, norms, and values that are used to justify inequality against a certain age group. Young people and the elderly suffer from discrimination on the basis of age.

estos estrictos papeles de género traen la disfunción.

La teoría de conflicto dice que es ventajoso a los hombres que las mujeres no reciben el acceso al poder político y económico. Los hombres pueden guardar en control. En la moderna sociedad postindustrial, los hombres y las mujeres tienen el acceso a las mismas oportunidades. Según los teóricos de conflicto, las mujeres pueden escoger su dirección y sus metas.

Los simbólico-interaccionistas se concentran en la socialización de género—cómo aprenden a actuar los muchachos y las muchachas. Los niños adquieren su entendimiento de género de los padres, de los maestros, de los compañeros, y de los medios de comunicación pública. Los padres les dan los valores y las actitudes a sus niños en conexión con la manera en que los muchachos y las muchachas deben comportarse. Los maestros fomentan conductas y destrezas diferentes en muchachos y muchachas. Los compañeros mandan que los muchachos y las muchachas conformen con los modelos aceptados de conducta según el género. El grupo rechaza a las personas que no conforman. Además, estas personas tienen una pérdida de su autoestima.

Sección 3 – La Desigualdad Entre los Sexos

El sexismo consiste en las creencias, las actitudes, las normas, y los valores que se usan para justificar la desigualdad de género. La creencia que los hombres son superiores a las mujeres sirve para justificar las posiciones poderosas de hombres en las áreas del liderazgo económico, político, y social.

Durante los últimos treinta años, el número de mujeres que trabajan fuera de la casa ha aumentado dramáticamente. No obstante, las mujeres tienen las ocupaciones más bajas—es la segregación del sexo profesional. Aun cuando las mujeres están en las profesiones de categoría, ellas raramente tienen las posiciones muy altas. Hay una "brecha de sueldo" entre los hombres y las mujeres. Las mujeres ganan 74 centavos por cada dólar que un hombre gana. Hay una brecha de sueldo más ancha en

In many cultures, the elderly are respected. With age comes wisdom and honor. Colonists in American society believed that the older citizens were favored by God and would certainly go to Heaven.

Functionalists explain that in modern technical society, an older person's value decreases when he or she can no longer fully contribute to the common good. As technical societies rapidly change, younger workers are more likely to have the needed skills.

The conflict theory tells us that members of a society compete for the resources of the society. In societies where all people contribute, all people are treated equally. But in modern society, there are more people than are needed to do the available work. Conflict theory says that the younger members of modern society stereotype the elderly as unintelligent and incapable. The older people retire from work and the younger workers receive their jobs, pay, power, and prestige.

Symbolic interactionists note that negative stereotypes about the elderly are found throughout our culture—even among small children. The stereotypes are inaccurate when applied to all elderly people.

Section 5 – Inequality in America's Elderly Population

In recent decades, researchers began to study the elderly as a distinct population in America. Older people—like other minority groups—are subjected to discrimination and inequality.

By standard measures, ten to fifteen percent of elderly Americans are poor. Using more realistic measures, the number is much higher. Many elderly do not have adequate economic or medical resources. Many live with family members. Poverty among African American and Latino elderly people is two to three times higher than among white Americans. Poverty is especially high among female elderly.

The elderly vote in greater numbers than do younger citizens. This gives them more political power. As a greater percentage of the U.S. population reaches old age, their political power will increase.

los EE.UU. que hay en otras naciones industrializadas.

En algunas áreas de ley, hay desigualdades entre la manera en que los oficiales tratan a los hombres y a las mujeres, cómo los protegen, y cómo los prosiguen en las cortes.

Ahora mismo, las mujeres tienen éxito en la política a un rate superior que en el pasado. Hay muchas mujeres en las oficinas gubernamentales como el gobernador, el senador, el representante, el legislador, y el alcalde. Hay mujeres que son jueces de la Corte Suprema, y mujeres en las posiciones del ministro del despacho en el gobierno federal. Pero cuando comparamos la población de mujeres en los Estados Unidos, con el número de mujeres en posiciones políticas, todavía hay relativamente pocas mujeres en estas posiciones gubernamentales muy altas.

Sección 4 – La Discriminación Por Edad

La discriminación por edad consiste en las creencias, las actitudes, las normas, y los valores que se usan para justificar la desigualdad contra un cierto grupo etario. Los jóvenes y los viejos confrontan la discriminación basada en la edad.

Muchas culturas les dan respeto a los viejos. Con la edad viene la sabiduría y el honor. Los colonos en Norteamérica creían que los ciudadanos más viejos estaban favorecidos por Dios e irían ciertamente al Cielo.

Los funcionalistas explican que en la moderna sociedad técnica, el valor de una persona vieja se cae cuando él o ella ya no puede contribuir al bienestar público. Como las sociedades técnicas cambian rápidamente, los obreros más jóvenes probablemente tienen las destrezas necesitadas.

La teoría de conflicto nos dice que los miembros de una sociedad compiten para los recursos de la sociedad. En sociedades dónde todas las personas contribuyen a la producción, todas las personas reciben una porción igual de los productos de la sociedad. Pero en la sociedad moderna, hay más personas que se necesita para hacer el trabajo disponible. La teoría de conflicto dice que los miembros más jóvenes de la sociedad

Interest groups—the American Association for Retired Persons, for example—work to protect benefits for the elderly such as Medicare and Social Security.

moderna estereotipan al anciano—los viejos son poco inteligentes e incapaces. Los viejos se jubilan del trabajo y los jóvenes reciben su posición, su ingreso, su poder, y su prestigio.

Los simbólico-interaccionistas notan que se encuentran los estereotipos negativos que refieren a los viejos por todas partes de nuestra cultura—aun entre los niños muy jóvenes. Los estereotipos son inexactos cuando los críticos los aplican a todas las personas mayores.

Sección 5 – La Desigualdad en la Población Mayor en los EE.UU.

En las recientes décadas, los investigadores empezaron a estudiar los viejos como una población distinta en los EE.UU. Las personas más viejas—como otras minorías—se confrontan la discriminación y la desigualdad.

Por las medidas normales, entre diez y quince por ciento de norteamericanos mayores son pobres. Si empleamos las medidas más realistas, el número es mucho más alto. Muchos viejos no tienen los recursos económicos ni el seguro de salud adecuados. Muchos viven con familiares. Cuando comparamos la pobreza entre los viejos norteamericanos blancos con el número de pobres entre los afroamericanos viejos y los latinos viejos, podemos multiplicar el número por un coeficiente de dos o de tres. La pobreza es especialmente alta entre las viejas.

Más viejos votan que votan los jóvenes. Esto les da gran poder político. Como un porcentaje grande de la población norteamericana envejecen, su poder político aumentará.

Los "grupos de interés"—la Asociación Americana para las Personas Jubiladas, por ejemplo—luchan para proteger los programas para los viejos como Medicare y la Seguridad Social.

Capítulo 10 PRÁCTICA DE VOCABULARIO

Indicaciones: Defina cada uno de los siguientes términos. Debe escribir todas las respuestas en inglés.

1. sexo

_____

_____

_____

2. sexismo

_____

_____

_____

3. discriminación por razón de edad

_____

_____

_____

4. inclinación sexual

_____

_____

_____

5. determinismo biológico

_____

_____

_____

6. segregación sexual ocupacional

_____

_____

_____

7. afeminación de la pobreza

_____

_____

_____

Capítulo 10

PRÁCTICA DE REPASO

Verdadero o Falso: Decida si la oración es verdadera o falsa y escriba en los espacios en blanco T o F según sea el caso. Vuelva a escribir las oraciones falsas para que sean verdaderas. Debe escribir todas las respuestas en inglés.

_____ 1. Está científicamente comprobado que existe una relación entre las diferencias del comportamiento entre los niños y las niñas y las características biológicas.

_____ 2. Las mujeres no pueden ser un grupo minoritario ya que existen más mujeres que hombres en los Estados Unidos.

_____ 3. En la mayoría de las escuelas, el trato es el mismo tanto para las niñas como para los niños.

_____ 4. Cuando las mujeres reciben una mejor educación y realizan el mismo trabajo que los hombres, la diferencia entre lo que ganan es menor.

_____ 5. Debido al bajo porcentaje de ancianos en los Estados Unidos, la discriminación por razón de edad se está volviendo más común.

Alternativas Múltiples: Escriba en los espacios en blanco, la letra de la respuesta correcta. Debe escribir todas las respuestas en inglés.

_____ 6. El término _____ se refiere a la inclinación sexual biológica de la persona sea hombre o mujer.
   a) sexo
   b) género
   c) inclinación sexual
   d) determinismo

_____ 7. En promedio, en 1997 las mujeres de los Estados Unidos obtuvieron _____ por cada dólar de los hombres.
   a) $1.50
   b) 90 centavos de dólar
   c) 74 centavos de dólar
   d) 60 centavos de dólar

_____ 8. ¿Cuál de las siguientes alternativas explica mejor la discriminación por razón de edad en los Estados Unidos en la actualidad?
   a) en vista de que los jóvenes son capaces de adquirir las habilidades tecnológicas de mayor demanda, tienden a ser más valorados dentro del mercado.
   b) Hoy en día, la discriminación por razón de edad es poco frecuente porque las personas se dan cuenta que los ancianos pueden ofrecer sabiduría y experiencia.
   c) los jóvenes son valorados porque es importante el buen estado de salud para desempeñar una labor física.
   d) la discriminación comúnmente se encuentra en los niveles socioeconómicos más bajos.

• Copyright © The McGraw-Hill Companies • • • •

_____ 9. ¿Cuál de las perspectivas sociológicas siguientes podría establecer que la discriminación por razón de edad se origina principalmente por la competencia sobre los recursos escasos?

    a) funcionalismo
    b) interaccionismo simbólico
    c) pluralismo cultural
    d) teoría del conflicto

_____ 10. ¿Cuál de las siguientes alternativas describe mejor el poder político de las mujeres en los Estados Unidos en la actualidad?

    a) ha aumentado tan rápido que el poder político de los hombres y de las mujeres es casi igual.
    b) ha disminuido entre los últimos 10 y 15 años.
    c) ha aumentado pero no es igual al de los hombres.
    d) actualmente, la mayoría de las mujeres involucradas en política provienen de una clase baja o tienen antecedentes en las clases trabajadoras.

Respuestas Cortas: Responda las siguientes preguntas con una o dos oraciones completas. Debe escribir todas las respuestas en inglés.

11. A menudo, en la mayoría de las comunidades, los trabajadores de los puericultorios reciben un salario bajo; no mayor al de un trabajador de un restaurante de comida rápida. ¿Por qué cree que se origina este hecho?

_____

_____

_____

_____

_____

_____

_____

12. ¿Cómo cree que puede influir la afeminación de la pobreza a los niños de padres separados que viven con sus madres?

_____

_____

_____

_____

_____

_____

_____

Name _____ Date _____ Period _____

Capítulo 11 — ANÁLISIS DE LOS OBJETIVOS DEL APRENDIZAJE

Indicaciones: Responda las siguientes preguntas según las lecturas del capítulo. Debe escribir todas las respuestas en inglés.

1. ¿Qué son la orientación y la procreación de la familia? ¿Qué relación existe entre ambas?

_____

_____

_____

_____

_____

_____

2. ¿Cuál es la diferencia entre la familia nuclear y la familia extendida?

_____

_____

_____

_____

_____

3. ¿Cuáles son los tres acuerdos para la descendencia y la herencia familiar?

_____

_____

_____

_____

_____

4. ¿Cuáles son los tres modelos de la autoridad familiar?

_____

_____

_____

_____

_____

_____

5. ¿Cuáles son los tres modelos tomando en cuenta el lugar de residencia para los recién casados?

_____

_____

_____

_____

_____

6. Definir los diferentes tipos de matrimonio.

_____

_____

_____

_____

_____

_____

7. Definir las normas sociales para seleccionar una pareja.

_____

_____

_____

_____

_____

_____

_____

_____

_____

_____

_____

8. Discutir sobre la familia desde la perspectiva funcionalista.

_____

_____

_____

_____

9. Discutir sobre la familia desde la perspectiva del conflicto.

_____

_____

_____

_____

_____

_____

10. Discutir sobre la familia desde la perspectiva interaccionista simbólica.

_____

_____

_____

_____

_____

_____

_____

Name _____ Date _____ Period _____

• •

11. Definir la familia "típica" norteamericana.

_____

_____

_____

_____

_____

_____

12. Indicar una breve historia del índice de divorcios en los Estados Unidos desde 1860 hasta la actualidad.

_____

_____

_____

_____

_____

13. Explicar los factores personales y sociales que contribuyen al divorcio en los Estados Unidos?

_____

_____

_____

_____

_____

_____

_____

_____

_____

_____

_____

14. Discutir el futuro del matrimonio en los Estados Unidos.

_____

_____

_____

_____

_____

_____

15. Dar una perspectiva general de la violencia familiar en los Estados Unidos.

_____

_____

_____

_____

_____

_____

_____

16. Definir las alternativas para estructurar la familia nuclear tradicional.

_____

_____

_____

_____

_____

_____

_____

_____

_____

_____

17. Discutir el futuro de la familia en los Estado Unidos.

KEY POINTS

Section 1 – Family and Marriage Across Cultures

The family is a social institution with the greatest impact on individual behavior. Legal definitions of family vary due to circumstances —adoptions, housing, or inheritance. Sociologists define family as a group of people related by marriage, blood, or adoption.

The family of birth is the family of orientation. It gives children an ascribed status in the community. It orients the children to their neighborhood and society.

Marriage is the legal union between two people and it assigns them certain rights. A married couple may choose to begin a family—to become a family of procreation.

A nuclear family consists of one or two parents and children. An extended family consists of two or more adult generations of relatives who share a household and economic resources.

Family structure has changed over time. In early societies, nuclear families were nomadic. They followed the animals that they hunted. In agricultural societies, families settled in one place, cultivated the land, and had many children. The extended family helped farm as well. Industrial and post-industrial society favors nuclear families.

There are three patterns of inheritance. In a patrilineal society, the father gives his wealth to his male descendants. In a matrilineal society, the mother gives her wealth to her female descendants. In a bilateral society, both the mother and father share in the giving of their wealth to descendants of both sexes. The United States has a bilateral model of inheritance.

There are three models of authority. In a patriarchy, the oldest male rules the household. In a matriarchy, the oldest female rules the household. In egalitarian households, both

LOS PUNTOS PRINCIPALES

Sección 1 – La Familia y el Matrimonio a través de las Culturas

La familia es una institución social con el mayor impacto en la conducta individual. Las definiciones legales de la familia varían debido a las circunstancias—las adopciones, el alojamiento, o la herencia. Los sociólogos definen a la familia como un grupo de personas relacionadas por el matrimonio, la sangre, o la adopción.

La familia de nacimiento es la familia de orientación. Les da un estado atribuido a los niños en la comunidad. Orienta a los niños a su vecindario y a su sociedad.

El matrimonio es la unión legal entre los dos personas, y les asigna ciertos derechos. Una pareja casada puede decidir a empezar a una familia—para llegar a ser una familia de procreación.

Una familia nuclear consiste en un o dos padres y sus niños. Una familia extendida consiste en dos o más generaciones de adultos (de parientes) que comparten su hogar y sus recursos económicos.

La estructura de la familia ha cambiado con los años. En las sociedades antiguas, las familias nucleares eran nómadas. Los miembros de la famila siguieron los animales que cazaron. En las sociedades agrícolas, las familias establecieron su hogar, cultivaron la tierra, y tenían muchos niños. La familia extendida ayudó con las cosechas también. La sociedad industrial y postindustrial favorece a las familias nucleares.

Hay tres modelos de herencia. En una sociedad "patrilineal," el padre da sus riquezas a sus descendientes masculinos. En una sociedad "matrilineal," la madre da sus riquezas a sus descendientes femeninos. En una sociedad "bilateral," la madre y el padre dividen sus riquezas entre sus descendientes

sexes share authority. Most US households follow the egalitarian model.

There are three models for the establishment of a household. In a patrilocal society, a couple lives near or with the husband's parents. In a matrilocal society, a couple lives near or with the wife's parents. In a neolocal society, the couple establishes a residence wherever it chooses. In the United States and most of Europe, people follow the neolocal model.

There are two marriage patterns. Monogamy is the exclusive marriage between two people. Polygamy is the marriage of one person to two or more people. There are two types of polygamy. Polygyny is the marriage between one man and two or more women. Polyandry is the marriage between one woman and two or more men. Most modern societies practice and recognize only monogamy.

Exogamy is the process of mate selection that requires the individual to marry someone from outside his group. That is, people do not marry people from their own family. Incest taboos and laws prevent people from marrying close relatives.

Endogamy is the process of mate selection that encourages people to marry people who are like themselves. Endogamy discourages crossing racial, economic, age, and class lines. In the United States, there are few marriages between people of different races, different social classes, different economic classes, and widely separated ages. But the number grows as barriers are broken.

Section 2 – Theoretical Perspectives and the Family

Functionalists identify six roles for the family. Parents teach the child the values and norms of behavior in order to socialize the young. The family provides socioemotional maintenance—the full acceptance and love of the child. The family is an orderly structure for the production of new generations through the management of reproduction. It regulates sexual activity by teaching the reproductive norms and expectations of the society. It transmits social status by teaching values about education and occupation, and by

de ambos sexos. Los Estados Unidos tienen modelo bilateral de herencia.

Hay tres modelos de autoridad. En una sociedad patriarchal, el hombre más viejo de la familia rige. En una sociedad matriarcal, la mujer más vieja de la familia rige. En las sociedades igualitarias, los dos sexos comparten la autoridad. La mayoría de las familias norteamericanas sigue al modelo igualitario.

Hay tres modelos para el establecimiento de un hogar. En una sociedad "patrilocal," una pareja vive cerca de o con los padres del esposo. En una sociedad "matrilocal," una pareja vive cerca de o con los padres de la esposa. En una sociedad " neolocal," la pareja establece la residencia que quiere dondequiera que desea. En los Estados Unidos y la mayoría de Europa, las sociedades siguen al modelo neolocal.

Hay dos modelos de matrimonio. La monogamia es el matrimonio exclusivo entre dos personas. La poligamia es el matrimonio de una persona con dos o más personas. Hay dos tipos de poligamia. "Polygyny" es el matrimonio entre un hombre y dos o más mujeres. La poliandria es el matrimonio entre una mujer y dos o más hombres. La mayoría de las sociedades modernas práctica y reconoce solamente la monogamia.

La exogamia es un proceso de la selección de un(a) compañero(a). Exige que el individuo se case con alguien de afuera de su grupo. Es decir, las personas no se casan a las personas de su propia familia. Las prohibiciones contra el incesto y las leyes les impiden a las personas casarse a los parientes íntimos.

La endogamia es un proceso de la selección de un(a) compañero(a). Recomienda que las personas se casen a las personas que son como ellos mismos. La endogamia descorazona que la pareja cruce las divisiones raciales, económicos, de edad, y de clase. En los Estados Unidos, hay pocos matrimonios entre las personas de razas diferentes, de clases sociales diferentes, de clases económicas diferentes, y de las edades extensamente separadas. Pero el número crece como se rompen las barreras.

placing the child into the social structure. The family serves an economic function—it provides what is needed to survive.

The conflict theory discusses how family members compete for authority. Most families are patriarchal. There are gender inequalities in families. There are set roles for males and females. Attempts by women to gain more authority in the family can lead to conflict. Feminist writers—writers who promote the recognition of women—focus on the contributions of women, and they suggest an end to social inequality.

Symbolic interactionists describe the socialization process of the family. Children and parents share meanings and feelings. Children develop self-concepts, and they learn to understand others. Children develop their personality through their interactions with adults.

Section 3 – Family and Marriage in the United States

American families are nuclear, bilateral, democratic, neolocal, and monogamous. Americans say that they marry when they love the other person, but other reasons are also given. Over 90% of American adults marry—they conform to the expectations of society.

Between 1860 and the 1960s, the divorce rate in America was steady. The rate rose greatly from 1960 to 1985. The rate has leveled off and declined since 1985.

Divorce is more likely if the couple were very young when they married, and if they still had to establish careers. People who marry later in life, who remain married for many years, and who demonstrate respect and flexibility are less likely to divorce.

Sociologists look at social forces that affect divorce. Divorce is higher during good economic times. Modern attitudes encourage people to leave unhappy marriages. Women have economic power. If a marriage is bad, women do not have to remain married to their husbands.

Family violence—domestic violence—occurs in families of all social classes. Parents or siblings abuse children and children may be the victims of sexual abuse. Husbands batter their wives, and wives batter their husbands.

Sección 2 – Las Perspectivas Teóricas y la Familia

Los funcionalistas identifican seis tareas para la familia. Los padres le enseñan los valores y las normas de conducta al niño para socializar al joven. La familia provee el mantenimiento socioemocional—la aceptación completa y el amor del niño. La familia es una estructura ordenada para la producción de nuevas generaciones—la familia administra la reproducción. La familia dirige la actividad sexual—enseña las normas y las expectaciones de la sociedad hacia la reproducción. Los padres le transmiten el estado social y le enseñan los valores con respecto a la educación y a la ocupación al niño. Ellos le da su posición en la estructura social. La familia sirve una función económica—provee lo que se necesita para sobrevivir.

La teoría de conflicto discute la manera en que los miembros de una familia compiten para la autoridad. La mayoría de las familias son patriarchicales. Hay desigualdades de género en las familias. Hay papeles fijos para los varones y para las hembras. Cuando las mujeres tratan de ganar más autoridad en la familia, los conflictos puedan suceder. Los escritores feministas—escritores que promueven el reconocimiento de mujeres—enfocan en las contribuciones de mujeres, y sugieren la terminación de la desigualdad social.

Los simbólico interaccionistas describen el proceso de la socialización de la familia. Los niños y los padres se aprenden las significaciones y los sentimientos que llevan los símbolos de la sociedad. Los niños desarrollan los conceptos personales, y aprenden cómo entender a otros. Los niños desarrollan su personalidad a través de sus interacciones con los adultos.

Sección 3 – La Familia y el Matrimonio en los Estados Unidos

Las familias estadounidenses son nucleares, bilaterales, democráticas, neolocales, y monógamas. Los norteamericanos dicen que ellos se casan cuando ellos están enamordados con la otra persona, pero también se dan otras razones. Más de 90% de adultos norteamericanos se casan—conforman a las expectaciones de su sociedad.

Abuse may be physical, emotional, and psychological. Many children suffer from neglect—their parents do not take care of them or provide for their needs. The elderly are victims of abuse as well—often they are neglected by family members or by caregivers.

Section 4 – Changes in Marriage and Family

When parents divorce and remarry, they form blended families. In a blended family there are parents and children who were born into previous marriages. Blended families create a new kind of extended family that is not wholly based on blood ties.

Three major problems of blended families are money difficulties, stepchildren's dislike of the new spouse, and unclear roles and responsibilities of authority and obedience.

Single-parent families have one parent and at least one child. One in four American families is single-parent; 90% are headed by women. Thirty percent of American children live in single-parent households. Children from single-parent homes have a lower sense of well-being and find it harder to adapt in social settings. Arrests, school discipline, truancy, smoking, and drug and alcohol abuse occur more frequently in adolescents from single-parent homes.

Social stigmas against childless marriages are disappearing. Many married women are choosing not to have children. Reasons include a desire to pursue career goals, a personal desire not to have children, and dissatisfaction with the condition of the world.

Dual-employment marriages occur when both parents work outside the home. There are economic benefits to this arrangement, but there are disadvantages too. It is more difficult to find time for child-care, household chores, and errands. People must learn to balance different life roles. Advantages include wider social and professional circles, feelings of self-worth and independence, and a higher income.

Cohabitation is living with someone in a marriagelike arrangement without having a legal marriage. There are over four million American adults who cohabitate.

Entre 1860 y los años 1960, las estadísticas del divorcio en los EE.UU. era stable. Los números subieron rápidamente entre 1960 y 1985. Desde 1985, los números han establecido su nivel nuevo, y ahora, están disminuyendo.

El divorcio es más probable si la pareja era muy joven cuando se casaron y si ellos tuvieran que establecer sus carreras. Las personas que se casan más tarde en la vida, que quedan casado durante muchos años, y que se demuestran el respeto y la flexibilidad tienen menos probabilidad de divorciarse.

Los sociólogos observan las fuerzas sociales que afectan el divorcio. El divorcio es más probable cuando la economía sea fuerte. Las actitudes modernas promueven que las personas dejen los matrimonios infelices. Las mujeres tienen su propio poder económico. Si el matrimonio es malo, las mujeres no tienen que quedarse casadas a sus maridos.

La violencia familiar—la violencia doméstica—ocurre en las familias de todas clases sociales. Los padres o los hermanos abusan a los niños; o niños pueden ser las víctimas de abuso sexual. Los maridos baten a sus esposas, y las esposas baten a sus maridos. El abuso puede ser físico, emocional, y psicológico. Muchos niños sufren el abandono—sus padres no les cuidan ni proveen sus necesidades. Los viejos también son las víctimas del abuso—a menudo ellos son abandonados por los parientes o por sus cuidadores.

Sección 4 – Los Cambios en el Matrimonio y en la Familia

Cuando los padres se divorcian y se casan de nuevo, ellos forman a las familias mezcladas. En una familia mezclada hay los padres y los niños que viniero de los matrimonios anteriores. Las familias mezcladas crean un nuevo tipo de familia extendida que no es totalmente basado en los enlaces de sangre.

Tres problemas importantes de las familias mezcladas son las dificultades de dinero, la aversión de los hijastros al nuevo esposo, y las funciones y las responsabilidades inciertas de la autoridad y la obediencia.

Same-sex domestic partnership is a cohabitation arrangement between two men or two women. Approximately ten percent of the U.S. population is gay or lesbian. There is an increasing number of gay and lesbian couples who establish same-sex households. Currently in the United States, there is no legal way for same-sex couples to marry.

In the past, there was a stigma attached to remaining single, but in modern society, a large percentage of Americans choose not to marry. They are pursuing careers and deciding to remain "free" of the responsibilities of marriage.

Boomerang kids refers to adult children who return home to live with their parents. An increasing number of adult children are living with their parents in order to build economic resources or to continue their education. Also, many children live with their parents after they divorce. Some disadvantages include a lack of privacy and a sense of being burdensome to the household.

Las familias de un sólo padre tienen un padre/una madre y por lo menos un niño. Una cn cuatro familias norteamericanas es de un sólo padre; 90% son encabezados por las mujeres. Treinta por ciento de niños norteamericanos viven en las casas de un sólo padre. Los niños de las casas de un sólo padre tienen un sentido de bienestar más bajo, y para ellos es más difícil adaptar en las situaciones sociales. Los arrestos, la disciplina escolar, la haraganería, el fumar, el uso de drogas, y el abuso de alcohol ocurren con más frecuencia en los adolescentes que viven en casas de sólo un padre.

Los estigmas sociales contra los matrimonios sin hijos están desapareciendo. Muchas mujeres casadas hoy en día escogen no tener los niños. Las razones incluyen un deseo seguir las metas de la carrera, la decisión personal para no tener los niños, y el descontento con la condición del mundo actual.

Los matrimonios de dual-empleo ocurren cuando ambos padres trabajan fuera de la casa. Hay beneficios económicos a este arreglo, pero hay desventajas también. Es más difícil encontrar tiempo para cuidar al niño, hacer los quehaceres familiares, y hacer mandados. Las personas aprenden equilibrar los diferentes papeles de vida. Las ventajas incluyen círculos sociales y profesionales más extensos, los sentimientos de auto-valoración y de independencia, y un ingreso superior.

La convivencia quiere decir que un individuo vive con otro en un arreglo que es semejante al matrimonio sin la boda legal. Hay más de cuatro millones de adultos estadounidenses que el cohabitan.

La asociación doméstico entre personas del mismo sexo es un arreglo de convivencia entre dos hombres o entre dos mujeres. Aproximadamente diez por ciento de la población norteamericana son homosexuales o lesbianas. El número de parejas homosexuales y de parejas lesbianas que establecen un hogar juntos acreceinta. Actualmente en los Estados Unidos, estas parejas no tienen ninguna manera legal para casarse.

En el pasado, quedarse soltero tenía un estigma, pero en la sociedad moderna, un gran porcentaje de norteamericanos no casarse.

SPANISH SUPPLEMENT

Ellos siguen las carreras y deciden mantener su libertad de las responsabilidades de matrimonio.

Los "niños bumerang" se refiere a los niños adultos que devuelven a la casa de sus padres para vivir con ellos. Un gran número adultos están viviendo con sus padres para conservar los recursos económicos, o para continuar su educación. También, muchos niños viven con sus padres después de que ellos se divorcien. Algunas desventajas incluyen una falta de privacidad, y un sentido de ser pesado para la familia.

136

Capítulo 11   **PRÁCTICA DE VOCABULARIO**

Indicaciones: Si encuentra una oración falsa, coloque nuevamente la palabra subrayada con una que haga verdadera la oración. Algunas de estas oraciones son verdaderas y se pueden dejar tal como aparecen. Debe escribir todas las respuestas en inglés.

1. Una pareja de casados y sus hijos conforman una <u>familia nuclear</u>.

    _____

2. Un <u>matrimonio</u> es una unión legal de un hombre y una mujer, que supone ciertos derechos y obligaciones.

    _____

3. En una <u>familia mixta</u> siempre se encuentran al menos dos generaciones de adultos.

    _____

4. En una estructura familiar <u>patrilineal</u>, la riqueza pasa del padre a sus descendientes hombres.

    _____

5. Cualquier grupo que se encuentra relacionado por matrimonio, sangre o adopción, es un <u>patriarcado</u>.

    _____

6. En la <u>exogamia</u>, cada hombre sólo puede casarse con una mujer soltera y viceversa en cualquier momento.

    _____

7. En un <u>matriarcado</u>, la mujer más anciana tiene autoridad sobre el resto de los miembros de la familia.

    _____

8. En el modelo <u>patrilocal</u>, las parejas de casados adquieren residencias de su propiedad, fuera de las de sus padres.

    _____

• •

9. La <u>cohabitación</u> significa que una persona debe escoger un compañero que no pertenezca a su tipo o grupo.

_____

10. La tendencia de las personas para seleccionar compañeros con características sociales similares se denomina <u>poliandria</u>.

_____

11. En una estructura familiar <u>matrilineal</u>, la descendencia y la herencia pasan de una generación a otra por ambos padres.

_____

12. Una <u>familia extendida</u> se forma cuando uno de los dos tiene hijos de otro matrimonio.

_____

13. Una persona joven entre doce y diecisiete años de edad es un <u>adolescente</u>.

_____

14. La <u>monogamia</u> implica vivir en un acuerdo matrimonial sin estar legalmente casados.

_____

Capítulo 11

PRÁCTICA DE REPASO

Verdadero o Falso: Decida si la oración es verdadera o falsa y escriba en los espacios en blanco T o F según sea el caso. Vuelva a escribir las oraciones falsas para que sean verdaderas. Debe escribir todas las respuestas en inglés.

_____ 1. Durante los últimos quince años, el índice de divorcios en los Estados Unidos ha disminuido.

_____ 2. El romance es sólo una de las muchas razones por las cuales se casan las personas.

_____ 3. Mientras más tiempo esté unida la pareja, es menor la posibilidad de un divorcio.

_____ 4. El tipo más común de matrimonio es la poliandria.

_____ 5. Una familia igualitaria es aquella donde el padre, la madre y los hijos pueden participar por igual en las decisiones familiares.

Alternativas Múltiples: Escriba en los espacios en blanco, la letra de la respuesta correcta.

_____ 6. Stephan vive con su madre divorciada, su hermana y su hermano. Este es un ejemplo de una familia _____.
   a) nuclear
   b) extendida
   c) mixta
   d) matrilocal

_____ 7. ¿Cuál de las siguientes alternativas describe mejor el tema de la familia de la teoría del conflicto?
   a) El propósito principal de la familia es regular la actividad sexual.
   b) El rol principal de la familia es la socialización de los hijos.
   c) Tradicionalmente, el varón ha controlado la familia, y la mujer ha sido calificada de ayudante.
   d) Tradicionalmente, las familias han sido democráticas, y la herencia ha sido bilateral.

_____ 8. ¿Cuál de las siguientes oraciones describe mejor la función reproductiva de la familia?
   a) Una sociedad no puede sobrevivir sin nuevos miembros y la unidad familiar es la mejor forma de aumentarlos y socializarlos.
   b) Una familia proporciona un mantenimiento socioemocional para sus miembros de manera que se sientan seguros y sean ciudadanos productivos.
   c) Las familias enseñan a los jóvenes a no tener relaciones sexuales antes del matrimonio.
   d) Los miembros adultos de una familia trabajan fuera del hogar para generar ingresos los cuales satisfacen las necesidades de la familia.

 SPANISH SUPPLEMENT

• Copyright © by The McGraw-Hill Companies • • • •

_____ 9. Miguel y Tracy crecieron en Milwaukee, pero luego de casarse se mudaron a Duluth donde Tracy trabajaría como profesora en la escuela secundaria. ¿A cuál de los siguientes modelos representa?
a) patrilocal
b) matrilocal
c) neolocal
d) poligamia

_____ 10. Cuando un hombre blanco se casa con una mujer de color, ¿cuál de las siguientes normas ha violado?
a) exogamia
b) endogamia
c) monogamia
d) heterogamia

Respuestas Cortas: Responda las siguientes preguntas con una o dos oraciones completas. Debe escribir todas las respuestas en inglés.

11. Explicar que quiere decir el término monogamia en serie.

_____

_____

_____

_____

_____

12. ¿Cree usted que existen más ventajas para las mujeres u hombres que permanecen solteros en la sociedad norteamericana? Fundamentar su respuesta.

_____

_____

_____

_____

_____

13. ¿Qué ventajas podría proporcionar la poligamia a la mujer? ¿Con qué problemas se podrían asociar?

_____

_____

_____

_____

_____

Capítulo 12

ANÁLISIS DE LOS OBJETIVOS DEL APRENDIZAJE

Indicaciones: Responda las siguientes preguntas según las lecturas del capítulo. Debe escribir todas las respuestas en inglés.

1. ¿En qué se parece la educación pública de los niños a la fabricación en serie de autos?

    _____

    _____

    _____

    _____

    _____

    _____

2. ¿Cuáles son los pros y los contras del modelo burocrático de educación?

    _____

    _____

    _____

    _____

    _____

    _____

    _____

    _____

    _____

    _____

    _____

    _____

3. Describir las escuelas abiertas en relación con la educación.

_____

_____

_____

_____

_____

_____

_____

_____

_____

4. Describir el aprendizaje cooperativo en relación con la educación.

_____

_____

_____

_____

_____

_____

_____

_____

_____

5. ¿Cómo se presenta al aprendizaje cooperativo para beneficiar a los estudiantes?

_____

_____

_____

_____

_____

_____

• SPANISH • • • • • •

6. Describir el curriculum integrado en relación con la educación.

_____

_____

_____

_____

_____

_____

_____

_____

7. Describir el movimiento que surge como resultado del informe Una Nación en Riesgo.

_____

_____

_____

_____

_____

_____

8. Explicar brevemente el movimiento de selección escolar.

_____

_____

_____

_____

_____

_____

• •

9. ¿Cómo funciona un sistema de bonos de escolaridad? ¿Qué es una escuela con fines de lucro?

_____

_____

_____

_____

_____

_____

_____

10. Describir escuela particular (religiosa) y escuela central o distrital.

_____

_____

_____

_____

_____

_____

_____

_____

11. Describir la perspectiva funcionalista acerca de la institución educacional.

_____

_____

_____

_____

_____

_____

_____

_____

_____

• SPANISH SUPPLEMENT • • • •

12. Según los teóricos del conflicto, ¿cómo explica la educación pública los defectos de la teoría que afirma que Estados Unidso es una meritocracia?

_____

_____

_____

_____

_____

_____

_____

13. Discutir la igualdad educacional.

_____

_____

_____

_____

_____

_____

_____

_____

14. ¿Qué tan exitosas son la segregación escolar y la educación compensatoria en su promoción de la igualdad educacional?

_____

_____

_____

_____

_____

_____

_____

Name _____ Date _____ Period _____

15. Describir los focos educacionales de los interaccionistas simbólicos.

_____

_____

_____

_____

_____

_____

_____

KEY POINTS

LOS PUNTOS PRINCIPALES

Section 1 – Development and Structure of Education

In the bureaucratic model, education can be accomplished most efficiently for large numbers of students when they are at similar stages in their ability and development. Schools are designed like industries with specialization, rules, and procedures. Schools are efficient when the teacher teaches the same set of information to the entire class, tests are standardized, and students can transfer easily among schools.

Critics of formal schooling say that the bureaucratic model of education does not respond to the creative, emotional, individual needs of each learner.

The open classroom is democratic and flexible. Teachers do not follow a standard curriculum for all learners. Instead of report card grades, students receive performance reviews.

Cooperative learning is a classroom structure in which students study, design projects, and solve problems in groups. The teacher is a facilitator or guide. Teamwork builds self-esteem, academic performance, and the acceptance of diversity among students.

Integrative curriculum combines academic learning with real-world circumstances, themes, or concepts. The model recognizes that students have multiple intelligences—they learn and think using different skills and strengths.

The Back-to-Basics movement emphasizes a return to the bureaucratic methods of the past. Students should learn basic skills, basic math, and basic reading skills. Students should study core academic courses and not have a choice of electives. Students should have more homework. Progress should be measured by

Sección 1 – El Desarrollo y la Estructura de Educación

En el modelo burocrático, la educación es más eficaz para estudiantes cuando ellos están en las fases similares en su habilidad y desarrollo intelectual. Este modelo diseña las escuelas como las industrias con la especialización, las reglas, y los procedimientos. Las escuelas son eficaces cuando el maestro enseña la misma materia a la clase entera, cuando da exámenes estandarizados, y cuando los estudiantes pueden transferir facilmente de una escuela a otra.

Los críticos dela instrucción formal dicen que el modelo burocrático no responde a la creatividad, a las necesidades emocionales, ni al individualismo de cada alumno.

El aula abierta es democrática y flexible. Los maestros no siguen un plan de estudios muy estructurado para todos los alumnos. En lugar de las notas en un informe a los padres, los estudiantes reciben una evaluación descriptiva de sus competencias.

El aprendizaje cooperativo es una estructura educacional en la cual los estudiantes trabajan en grupos de dos o tres personas para estudiar, para diseñar los proyectos, y para resolver los problemas. El maestro es un facilitador o guía. Trabajando en equipos da la autoestima, la práctica académica, y la aceptación de diversidad entre estudiantes.

El plan de estudios integrado combina el aprendizaje académico con las circunstancias, los temas, y los conceptos del mundo actual.. El modelo reconoce que los estudiantes tienen "inteligencias múltiples"—que ellos aprenden y piensan con habilidades y fuerzas diversas.

El movimiento "Back-to-Basics" (revuelva a la educación básica y fundamental) da énfasis al empleo de los métodos burocráticos

standardized tests. Schools should have strict discipline.

The voucher system gives public school money to the families of students who wish to attend private or religious schools. Public schools compete with private and religious schools for students. The advantage of the voucher system is that it gives parents a choice in where to send their children to school. There are legal challenges to the system because it violates the Constitutional separation of church and state. There is no evidence that voucher programs improve student achievement.

Charter schools are publicly funded schools that function like private schools. Public teachers and administrators operate the schools. Charter schools used a variety of educational methods to teach curriculum.

Magnet schools are public schools with special programs and standards. They are designed to improve school quality and promote desegregation. Magnet programs offer students a specialization in an area of interest—technology, science, the arts, or core academics.

For-profit schools are funded by the government but are operated by private corporations. The corporations use the profit model of business to run the school. The belief is that the government does not use its resources efficiently for the best level of education.

Section 2 – Functionalist Perspective

According to the functionalists, schools not only teach curriculum, but they also transmit culture, create a social identity, identify talent, and promote personal growth.

Schools give students an understanding of society's values, norms, beliefs, and attitudes. Schools teach a common language, a shared history, and they give all students a common set of learned ideas. Students demonstrate their talents and skills on tests, and the schools suggest possible career options. Schools teach the student to develop creativity, personal expression, and human tolerance.

Latent (unplanned) functions of school are to provide safe care to students while their

del pasado. Los estudiantes deben aprender destrezas básicas, las matemáticas básicas, y la lectura básica. Los estudiantes deben estudiar los cursos académicos esenciales y no deben tener una opción de cursos electivos. Hay que dar más tarea. Es importante medirse el progreso de los estudiantes por medio de muchos exámenes estandardizados. Hay que mantener la disciplina estricta.

El sistema de comprobantes ("vouchers") da el dinero de la escuela pública a las familias de los estudiantes que desean asistir a las escuelas privadas o religiosas. Las escuelas públicas compiten con las escuelas privadas y religiosas para los estudiantes. La ventaja del sistema de comprobantes es que les cede una opción a los padres para escoger la escuela de sus niños. Hay desafíos legales al sistema porque viola la separación Constitucional de la iglesia y el estado. No hay ninguna evidencia que los programas de comprobantes contribuyan al éxito del estudiante.

Las escuelas de carta constitucional ("charter schools") son escuelas que reciben fondos públicos y que funcionan como las escuelas privadas. Los maestros y administradores públicos las operan. Estas escuelas emplean una variedad de métodos educativos para enseñarles el plan de estudios a sus alumnos.

Las escuelas de especialización ("magnet schools") son las escuelas públicos con programas especiales que se atrae alumnos de regiones diversas. Su intención es mejorar la calidad escolar y promover la desegregación. Las escuelas de especialización les ofrecen un plan de estudios a los estudiantes en una área de interés—la tecnología, las ciencias, las bellas artes, o las disciplinas académicas.

Las escuelas de ganancia realizada ("for-profit schools") son escuelas que gastan dinero para educarles a los niños y perar realizar ganancias. Reciben sus fondos del gobierno, pero las corporaciones privadas las operan. Las corporaciones usan los principales de los negocios para operar la escuela. La creencia es que el gobierno no gasta eficazmente sus recursos para lograr un buen nivel de educación.

parents are at work, to prepare students for dating and relationships, and to train student athletes.

Section 3 – Conflict Perspective

Competition is a social process that occurs when rewards are given to people when their performance is better than other people's. All have an equal chance to compete and to succeed.

We assume that America is a meritocracy – that social status is earned through personal achievement. But there are barriers to true, merit-based achievement because not all Americans have the same background or the same access to the things that favor achievement.

Not all schools provide the same level of excellence in education. Students from schools in wealthy neighborhoods perform better than those from schools in poor or inner-city neighborhoods. Students in schools with high populations of racial and ethnic minorities do not master standard language skills to as high a level as those in schools with fewer minorities.

Minority students do not receive college entrance exam (SAT) scores that are as high as non-minority students. (An exception is Asian students. They receive higher math scores than white students.) If a student does not receive high scores on the SAT exam, he may not be able to attend a good college, and he may not have as good a chance at finding desirable employment.

Educational equality measures the effects of schooling. Educational equality is when lower-class, minority, and less-disadvantaged students achieve the same educational results. Schools do not always provide educational equality to all of their students.

Cognitive ability, or intelligence, is the capacity for abstract thinking. Some researchers believe that intelligence is inherited. Others say that environmental influences determine an individual's intelligence. Current research indicates that environmental factors influence achievement as much as genetic factors.

Sección 2 – La Perspectiva Funcionalista

Según los funcionalistas, las escuelas enseñan sus planes de estudios, pero ellos también transmiten la cultura, creen una identidad social, identifiquen a los alumnos talentosos, y promueven el desarrollo personal.

Las escuelas les dan a los estudiantes una comprensión de los valores, las normas, las creencias, y las actitudes de la sociedad. Las escuelas les enseñan un idioma común, una historia compartida entre todos, y les dan un juego común de ideas aprendidas por todos los estudiantes. Los estudiantes demuestran sus talentos y habilidades en las pruebas, y los maestros les sugieren opciones para una carrera. Las escuelas les enseñan a los estudiantes cómo desarrollar su creatividad, su expresión personal, y la tolerancia humana.

Las funciones latentes (no intencionales) de escuelas incluyen proveerles a los alumnos el cuidado seguro a mientras sus padres están al trabajo, prepararles a los estudiantes para relaciones humanas, y entrenar a los atletas.

Sección 3 – La Perspectiva de Conflicto

La competición es un proceso social que ocurre cuando se dan los premios a las personas cuando su actuación es mejor que la otras personas. Todo el mundo tiene una oportunidad igual para competir y tener éxito.

Nosotros asumimos que América es una meritocracia—que un individuo gana su estado social a través del logro personal. Pero hay barreras contra este sistema del logro basado en el mérito porque no todos los americanos tienen el mismo antecedente de experiencia ni el mismo acceso a las cosas que favorecen el logro.

No todas las escuelas dan el mismo nivel de excelencia en la educación. Los estudiantes de las escuelas en los barrios adinerados realizan el éxito a un grado más alto que las escuelas en barrios pobres y urbanos. Los estudiantes en las escuelas con las altas poblaciones de minorías raciales y étnicas no tienen la misma destreza con el idioma de la mayoría.

Many tests that measure intelligence have a cultural bias. This means that people who are minorities or are not from the middle class do not score as well as other people taking the test. When minority and non-middle class people are tested with instruments that are not culturally biased, they achieve higher intelligence scores. Researchers use this to prove that environmental factors are strong influences of achievement and intelligence.

Desegregation is the plan to balance the racial population of a school. The goal of desegregation is to level the composition of the school and to make sure that schools receive equal resources.

Multicultural education teaches students about the contributions of all world cultures. Students from various cultures see their traditions included in the curriculum. Among minorities, school attendance and academic performance increase in multicultural education programs.

Compensatory education programs try to make up for shortcomings in students' lives. Programs such as Head Start have helped disadvantaged children to become better prepared for school and the learning environment.

Section 4 – Symbolic Interactionism

Symbolic interactionists study the hidden curriculum that schools teach in order to help students make the transition from home and school into the greater society. The school environment allows children to learn how to cooperate with people who are different from themselves.

In order for children to learn the role they will play in life, textbooks present adult role models, teach a common history, promote civic responsibility, and teach about society. Conflicts have centered upon the different views of society that are to be taught.

The teacher is the child's first authority figure who is not from the family. The child learns to obey authority from his interactions with a teacher. Teachers can have deep effects upon student development. They must be careful to treat students of both sexes equally, and to invest equal attention in high and low achieving learners.

Los estudiantes minoritarios no reciben una nota tan alta el examen de entrada de universidad (el SAT) que las de los estudiantes que no son minoritarios. (Una excepción es las estudiantes asiáticas. Ellos reciben notas de matemáticas más alta que las de los estudiantes blancos.) Si un estudiante no recibe una nota alta en el examen SAT, es posible que él no pueda asistir a una universidad buena, y que él no pueda tener las mismas oportunidades en encontrar empleo deseable.

La igualdad educativa mide los efectos de la instrucción. La igualdad educativa es cuando la clase más baja, las minorías, y los estudiantes con menos ventajas logran los mismos resultados educativos. El sistema educativo no siempre provee la igualdad educativa a todos sus estudiantes.

La habilidad cognoscitiva, o la inteligencia, es la capacidad por el pensamiento abstracto. Algunos investigadores creen que heredamos la inteligencia. Otros dicen que las influencias ambientales determinan la inteligencia en un individuo. La investigación actual indica que los factores ambientales tienen una influencia igual con los factores genéticos.

Muchas pruebas que miden la inteligencia tienen un prejuicio cultural. Esto significa que las minorías o las personas que no vienen de la clase media no sacan notas altas con la misma frecuencia que otras personas que sufren la misma prueba. Cuando las minorías sufren pruebas que no tienen este prejuicio cultural, ellos sacan un resultado mejor. Investigadores usan esto para demostrar que factores ambientales son influencias fuertes que determinan el logro y la inteligencia.

La desegregación es el plan para equilibrar la población racial de una escuela. La meta de la desegregación es igualar la composición de la escuela y asegurarse que las escuelas reciben los recursos iguales.

La educación multicultural enseña a los estudiantes acerca de las contribuciones de todas las culturas mundiales. Los estudiantes de las varias culturas pueden ver que sus tradiciones están incluidas en el plan de estudios. Entre las minorías en los programas de educación multiculturales, hay un aumento en la asistencia escolar y la actuación académica.

Los programas de la educación compensatoria intentan recuperar las limitaciones en las vidas de los estudiantes. Los programas como "Head Start" han ayudado a los niños de familias probres para prepararse bien para la escuela y para el ambiente de aprendizaje.

Sección 4 – La Perspectiva Simbólico-Interaccionista

Los simbólico interaccionistas estudian el plan de estudios oculto que las escuelas enseñan para prepararse a los estudiantes para alcanzar su propio lugar en la sociedad. El ambiente escolar les permite a los niños aprender a cooperar con las personas que son diferentes de ellos. Ellos aprenden lo que necesitarán para salir de la escuela y de la casa de sus padres y tener éxito en el mundo.

Para aprender el papel que los niños tendrán en la vida, los textos les presentan personajes ejemplares, los enseñan una historia común, promueven la responsabilidad cívica, y los enseñas acerca de su sociedad. Los conflictos que los críticos de esta educación social levantan, enfocan en las perspectivas diferentes de la sociedad que las escuelas presentan.

El maestro es la primera figura de autoridad que el niño encuentra que no es de la familia. El niño aprende a obedecer la autoridad por medio de sus interacciones con el maestro. Los maestros pueden hacer efectos profundos en el desarrollo del estudiante. Ellos deben tratar igualmente a los estudiantes de ambos sexos, y prestar atención en proporciones iguales a los alumnos de alta habilidad y de baja habilidad.

Capítulo 12

PRÁCTICA DE VOCABULARIO

Relacionar: Relacione los términos con sus definiciones. Debe escribir todas las respuestas en inglés.

_____ 1. Una escuela financiada por el Estado que es manejada como una privada y no tiene que responder ante los consejos escolares locales pero que puede estructurar su propio curriculum.

_____ 2. La capacidad para pensar abstractamente.

_____ 3. La situación en la cual las pruebas miden injustamente las habilidades cognitivas de las personas basándose en su categoría social.

_____ 4. Un acercamiento burocrático a la educación que no puede satisfacer las necesidades creativas y emocionales de los niños.

_____ 5. Existe cuando la educación produce los mismos logros y actitudes para las clases más bajas y los niños de la minoría que para los niños con mayores ventajas.

_____ 6. Un curriculum que resalta los puntos de vista y contribuciones de minorías, como las mujeres y los afroamericanos.

_____ 7. Un sistema en el cual el gobierno hace que el costo de la educación de un niño esté al alcance de los padres, para que así pueda enviarlo a la escuela de su elección.

_____ 8. Una sociedad en la cual el nivel social se basa más en las habilidades y los logros que en los antecedentes de la clase social y en las clases de los parientes.

_____ 9. Una función que tiene un resultado esperado y reconocido.

_____ 10. Un acercamiento no burocrático a la educación flexible y no competitivo.

_____ 11. Una función cuyo resultado es inesperado y no reconocido.

_____ 12. Ubicar a un alumno en determinados cursos que son convenientes para las expectativas de un eventual puesto de trabajo de éste.

_____ 13. Un acercamiento no burocrático a la educación en el que los alumnos estudian en grupos y los profesores sirven de guía.

a. sistema voucher (voucher system)

b. instrucción académica (formal schooling)

c. educación abierta (open classroom)

d. habilidad cognitiva (cognitive ability)

e. función oculta (latent function)

f. igualdad educacional (educational equality)

g. agrupación según habilidades (tracking)

h. escuela charter (charter school)

i. función evidente (manifest function)

j. meritocracia (meritocracy)

k. educación pluricultural (multicultural education)

l. aprendizaje cooperativo (cooperative learning)

m. preferencia cultural (cultural bias)

Capítulo 12   PRÁCTICA DE REPASO

Verdadero o Falso: Decida si la oración es verdadera o falsa y escriba en los espacios en blanco T o F según sea el caso. Vuelva a escribir las oraciones falsas para que sean verdaderas. Debe escribir todas las respuestas en inglés.

_____ 1. La educación abierta es apropiada en escuelas privadas pero no en las públicas, ya que son muy desorganizadas.

_____ 2. Los estudios han mostrado que los profesores, frecuentemente, permiten que los niños se comporten más agresivos que las niñas.

_____ 3. Los defensores de las escuelas con fines de lucro creen que cl gobierno malgasta demasiado y no puede mantener escuelas de alta calidad.

_____ 4. En una meritocracia, las personas pueden alcanzar un alto nivel social según sus habilidades y trabajo duro.

_____ 5. Un problema con las magnet schools y charter schools es que tienden a ser burocráticas.

Alternativas múltiples: Escriba en los espacios en blanco la letra de la respuesta correcta. Debe escribir todas las respuestas en inglés.

_____ 6. Según el capítulo, ¿cuál de las siguientes alternativas no es una ventaja del aprendizaje cooperativo?
a) Los estudiantes pueden transferirse fácilmente de una escuela a otra ya que todos las escuelas tienen el mismo curriculum.
b) Mejoramiento del nivel académico.
c) Los estudiantes tienen una actitud más positiva frente a la escuela.
d) Aumento de la auto-estima

_____ 7. ¿Cuál de las siguientes alternativas es un ejemplo de escuela tradicional?
a) Una escuela particular (religiosa)
b) Una escuela que se basa en curriculums tradicionales
c) Una escuela central o distrital
d) Una escuela que utiliza el método de la educación abierta

_____ 8. En _____, una empresa privada toma el dinero de la educación pública y crea escuelas utilizando las mismas técnicas empleadas en la creación de negocios exitosos.
a) una escuela abierta
b) sistema escolar particular (religioso)
c) las escuelas con fines de lucro
d) las escuelas de Instrucción académica

• •

_____ 9. ¿Cuál de las siguientes alternativas no es una razón por la que un niño blanco de clase media podría salir mejor en un examen de inteligencia que un niño afroamericano de clase baja?

a) Por lo general, los exámenes utilizan un lenguaje y palabras que son más familiares a las personas de clase media.

b) Los estudiantes de clase media están más propensos a ser educados para ser competitivos académicamente.

c) Los estudiantes afroamericanos de clase baja tienen mayores posibilidades de acceso a programas compensatorios como el Head Start.

d) A los estudiantes de clase media se les ha enseñado la importancia de salir bien en este tipo de exámenes.

Respuestas cortas: Responda las siguientes preguntas con una o dos oraciones completas. Debe escribir todas las respuestas en inglés.

10. Enumerar tres diferencias entre escuela abierta y escuela formal.

_____

_____

_____

_____

_____

11. ¿Cree que el sistema de bonos de escolaridad es una buena idea? Fundamentar su respuesta.

_____

_____

_____

_____

_____

12. ¿Cómo está relacionada la agrupación según habilidades con el concepto de profecía autosatisfactoria?

_____

_____

_____

_____

_____

Capítulo 13 ANÁLISIS DE LOS OBJETIVOS DEL APRENDIZAJE

Indicaciones: Responda las siguientes preguntas según las lecturas del capítulo. Debe escribir todas las respuestas en inglés.

1. Distinguir entre poder, coacción y autoridad.

_____

_____

_____

_____

_____

2. Definir las tres formas de autoridad identificadas por Weber.

_____

_____

_____

_____

_____

_____

_____

_____

_____

_____

_____

_____

_____

• •

3. ¿Cuál es la diferencia entre una democracia pura y una democracia representativa?

_____

_____

_____

_____

_____

4. ¿Cuál es la diferencia entre totalitarismo y autoritarismo?

_____

_____

_____

_____

_____

5. Explicar cómo el acto de votar es ejercer un poder.

_____

_____

_____

_____

_____

6. Explicar brevemente los principales agentes de la socialización política.

_____

_____

_____

_____

_____

_____

•• SPANISH SUPPLEMENT

_____

_____

_____

_____

_____

7. Hacer un contraste entre los dos modelos principales de poder político evidente en una sociedad democrática.

_____

_____

_____

_____

_____

_____

_____

8. ¿Cuáles son las características del capitalismo?

_____

_____

_____

_____

_____

_____

_____

_____

9. ¿Cuál es la diferencia entre un monopolio y un oligopolio?

_____

_____

_____

_____

• •

10. Nombrar las características del socialismo. En teoría, ¿cómo beneficia el socialismo a la sociedad?

_____

_____

_____

_____

_____

_____

_____

_____

_____

_____

11. ¿En qué se diferencian las directivas interconectadas de los conglomerados?

_____

_____

_____

_____

_____

12. ¿Cómo es posible que las corporaciones puedan influir políticamente en otros países?

_____

_____

_____

_____

_____

• •

13. Describir, en términos de los sectores económicos, el cambio de puestos de trabajo en América?

_____

_____

_____

_____

_____

_____

_____

_____

14. Discutir las consecuencias de la reducción salarial, reducción de personal corporativo y empleo contingente.

_____

_____

_____

_____

_____

_____

_____

_____

Chapter 13 — POLITICAL AND ECONOMIC INSTITUTIONS

Capítulo 13 — LAS INSTITUCIONES POLÍTICAS Y ECONÓMICAS

KEY POINTS

LOS PUNTOS PRINCIPALES

Section 1 – Power and Authority

The political institution of a society consists of the norms and roles that govern how power is shared and exercised.

Power is the ability to control the behavior of others. If a leader is charismatic—if he has a strong, positive personality—people happily do what he wants them to do. If a leader uses coercion—if he forces the people to do what he wants—the people will be angry and resentful.

Authority is power that people believe is legitimate. Students listen to their teachers because the students accept the authority of the teacher.

Leaders with strong personalities have charismatic authority. But when a charismatic leader dies, the system he developed often dies with him. Government based on charismatic authority is not very stable.

Traditional authority evolves and continues from customs. Kings are traditional leaders. Their subjects accept their authority because it is the custom of the nation. Traditional authority is easily passed to future rulers. A king's son will be the king after his father dies. This system is very stable.

Rational-legal authority gives authority to the offices of government and not to individual people. People who are elected or appointed to an office receive authority. When they leave office, they lose authority. The power resides with the office, not the office holder. Rules and procedures limit the authority of each office. People must follow the rules of their office or they will be removed from their position.

Representative democracy is a form of government. Citizens elect people to represent them and their values. These representatives establish rules and vote on new policies. Western Europe, Australia, and North America have democratic governments. Democracy is

Sección 1 – El Poder y la Autoridad

La institución política de una sociedad consiste en las normas y en los papeles que gobiernan la manera en que los participantes comparten y ejercen el poder.

El poder es la habilidad de controlar la conducta de otros. Si un líder es carismático—si él tiene una personalidad fuerte y positiva—la gente hace alegremente lo que él quiere que haga. Si un líder usa la coerción—si él les obliga a la gente que haga lo que él quiere—estará enojada y resentida.

La autoridad es poder que el público cree ser legítimo. Los estudiantes escuchan a sus maestros porque los estudiantes aceptan la autoridad del maestro.

Los líderes con las personalidades fuertes tienen la autoridad carismática. Pero cuando un líder carismático se muere, el sistema que él desarrolló se muere también. El gobierno basado en la autoridad carismática no es muy estable.

La autoridad tradicional empieza con y continúa a través de las costumbres. Los reyes son ejemplos de líderes tradicionales. Sus súbditos aceptan su autoridad porque es la costumbre de la nación. Es fácil extender la autoridad tradicional a los gobernantes futuros. El hijo de un rey será el rey después de la muerte del padre. Este sistema es muy estable.

La autoridad racional-legal da la autoridad a las oficinas del gobierno y no a las personas sí mismas. Las personas que son elegidas o designadas a una oficina reciben la autoridad. Cuando ellos dejan la oficina, ellos pierden la autoridad. El poder reside con la oficina, no con el poseedor de la oficina. Las reglas y los procedimientos limitan la autoridad de cada oficina. Las personas deben seguir las reglas de su oficina o ellos se quitarán de su posición.

spreading to nations in South America, Africa, and Asia.

Totalitarianism is a political system that has an absolute ruler—a ruler who holds all the power and does not consider the will of the citizenry when making decisions. Totalitarian governments have a single political party that is controlled by one person, they operate on terror and fear, and they control the nation's communications, the military, and the economy.

Authoritarianism is a form of government which is between democracy and totalitarianism (but closer to totalitarianism). Authoritarian governments have non-elected rulers who allow the citizenry to have a small amount of personal freedom.

Section 2 – Political Power In American Society

Voting allows people in democratic societies to select their leaders. A political party supports a candidate. In order to receive the support of a party, the candidate must appeal to a wide range of voters. The high cost of political campaigns and the political party system limit the choices that voters have.

Political socialization is a learning process by which we learn about political views. People learn political attitudes from their parents, school, TV, radio and newspapers. An individual's economic status, occupation, age and gender influence their political views.

The conflict perspective states that a few top individuals or organizations control a community or society. This is the elitism model of political power.

The functionalist perspective states that diverse interest groups share in the decision-making process. These groups converse, bargain, and compromise in order to reach a decision that benefits the whole of society. This is the pluralism model of political power.

Interest groups are organizations that work to promote a cause. Some interest groups wish to benefit all citizens, such as environmental protection groups. Some interest groups want to promote their own agenda to benefit themselves, such as the National Rifle Association. Interest groups grow, develop and change.

La democracia representativa es una forma de gobierno. Los ciudadanos eligen a las personas para representarlos y sus valores. Estos representantes establecen las reglas y votan para instituir nuevas leyes. Europa occidental, Australia, y América del Norte tienen los gobiernos democráticos. La democracia está extendiendo a las naciones de América del Sur, África, y Asia.

El totalitarismo es un sistema político que tiene un gobernante absoluto—un gobernante que retiene todo el poder y que nunca considera la voluntad de la ciudadanía en sus decisiones. Los gobiernos totalitarios tienen un solo partido político que una persona controla, ellos crean un ambiente de terror y de miedo, y ellos controlan las comunicaciones de la nación, el ejército, y la economía.

El autoritarismo es una forma de gobierno que cae entre la democracia y el totalitarismo (pero más cerca del totalitarismo). Los gobiernos autoritarios tienen gobernantes que asumen su posición sin elecciones públicas. Estos líderes permiten que la ciudadanía tenga una cantidad pequeña de libertad personal.

Sección 2 – El Poder Político en la Sociedad Norteamericana

Votar permite a las personas en las sociedades democráticas seleccionar a sus líderes. Típicamente, un partido político apoya a un candidato. Para recibir el apoyo del partido, el candidato debe atraer una gama amplia de votantes. Las costosas campañas políticas y el sistema de partidos políticos sirven para limitar las opciones que los votantes tienen.

La socialización política es un proceso de aprendizaje por lo cual nosotros aprendemos las diferentes vistas políticas. Los individuos aprenden las actitudes políticas de sus padres, de sus maestros, de televisión, de radio y de periódicos. El estado económico de un individuo, su ocupación, su edad y su género influencian sus vistas políticas.

La perspectiva de conflicto declara que unos individuos u organizaciones influyentes controlan una comunidad o una sociedad. Éste es el modelo de elitismo del poder político.

La perspectiva funcionalista dice que diversos "grupos de interés" tienen influencia

Section 3 – Economic Systems

Capitalism is an economic system that protects an individual's right to keep private property, and his right to earn a profit from his labor. Capitalists believe that individuals and their work make a strong economy. They favor competition with minimal government interference.

Capitalist economies operate with the idea that the public will buy things that it needs. Companies must produce these things. If the products are of good quality, and if they are sold at a reasonable price, the company will earn money. If the products are not of good quality or if they are too expensive, the public will not buy them.

Successful companies grow and grow and become oligopolies or monopolies. A monopoly is one organization that controls an entire industry. An oligopoly is a small group of large organizations that control an entire industry. These systems give less choice to the consumer.

Governments should not interfere in a capitalist economy. But governments make rules, encourage commerce, create a currency and a system of credit, and help to maintain a free, competitive market. Governments also provide protection for workers.

Socialism is an economic system that states that all of the people own the means of production, and that the government makes sure that the economy operates well and that all people share the wealth. In practice, there are no pure socialist societies. Unequal conditions exist in most socialist countries.

Most nations use systems that have characteristics from capitalism and socialism. These mixed economic systems permit private and public groups to play important roles in the economy.

Section 4 – The Modern Corporation

A corporation is an organization owned by shareholders. These people have limited liability and limited control. The shareholders elect representatives – a board of directors – to make decisions for the corporation.

Corporate leaders have much influence in government. They are wealthy and powerful

en las decisiones políticas. Estos grupos se conversan, negocian, y componen para obtener una decisión que se beneficia a toda la sociedad. Éste es el modelo de pluralismo del poder político.

Los "grupos de interés" son organizaciones que trabajan para promover una causa. Algunos grupos de interés desean beneficiar a todos los ciudadanos, como los grupos que desean proteger la naturaleza. Algunos grupos de interés quieren promover su propia agenda para beneficiarse a sus miembros, como la Asociación Nacional del Fusil. Los grupos de interés crecen, desarrollan y cambian.

Sección 3 – Los Sistemas Económicos

El capitalismo es un sistema económico que protege el derecho de un individuo para mantener la propiedad privada, y su derecho de obtener una ganancia de su labor. Los capitalistas creen que los individuos y su trabajo hacen una economía fuerte. Ellos favorecen la competición entre corporaciones con la interferencia gubernamental mínima.

Las economías capitalistas operan con la idea que el público comprará cosas que necesita. Las compañías deben producir estas cosas. Si los productos son de calidad buena, y si ellos se venden a un precio razonable, la compañía ganará el dinero. Si los productos son de calidad baja o si ellos son demasiado caros, el público no los comprará.

Las compañías exitosas crecen y crecen y se vuelve oligopolios o monopolios. Un monopolio es una organización que controla una industria entera. Un oligopolio es un grupo pequeño de organizaciones grandes que controlan una industria entera. Estos sistemas dan menos alternativas al consumidor.

Los gobiernos no deben de interferir en una economía capitalista. Pero los gobiernos hacen las reglas, invita el comercio, cree la moneda corriente y un sistema de crédito, y ayuda mantener un mercado libre y competitivo. Los gobiernos también legislan la protección para obreros.

El socialismo es un sistema económico que explica que todas las personas poseen los

people. They have a network of business and political connections. They are often directors of many powerful corporations—creating interlocking directorates. Some corporations oversee a variety of different industries—creating conglomerates.

Multinational corporations ("multinationals") operate in several countries. They are powerful companies that control a great deal of the world's wealth. They dominate the economies of many nations. They contribute income to workers in other countries, but they take away resources, profits, and competition.

Section 5 – Work in the Modern Economy

The modern economy has three sectors. The primary sector depends on the natural environment to produce goods. Examples of jobs in the primary sector are farmer, fisherman, and miner. The secondary sector manufactures products from raw materials. Factory workers who make cars, computers or furniture are part of the secondary sector. The tertiary ("third") sector provides services. Doctors, teachers and bankers are in the tertiary sector.

Technology and scientific advances have changed the economy. In preindustrial and industrial societies, more people work in jobs from the primary and secondary sectors. But in postindustrial societies, very few people work in the primary sector. And more people work in the tertiary sector than in the secondary sector. Services and information have become a larger part of the modern economy.

The occupations are divided into two tiers (levels). The core consists of jobs with large corporations which lead their industries. The peripheral tier consists of jobs in small companies. The small companies compete with the large corporations, or they do work that the large corporations do not do. Sixty-five percent of U.S. workers are in the peripheral tier.

Technology creates more technical jobs, but many workers do not have the skills needed for these jobs. As the economy changes, these people must find new work. Often, the new jobs do not pay very well. This process is known as downwaging. In the past,

medios de producción, y que el gobierno garantiza que la economía operará bien y que todas las personas compartirán la riqueza. En práctica, no hay ninguna sociedad socialista pura. Las condiciones desiguales existen en la mayoría de los países socialistas.

La mayoría de las naciones tienen sistemas que tienen las características del capitalismo y del socialismo. Estos sistemas económicos mixtos permiten que los grupos privados y que los grupos públicos tengan los papeles importantes en la economía.

Sección 4 – La Corporación Moderna

Una corporación es una organización que los accionistas poseen. Estas personas tienen una obligación limitada y el control limitado. Los accionistas eligen a representantes—una junta directiva—para tomar las decisiones para la corporación.

Los líderes corporativos tienen mucha influencia con el gobierno. Ellos son las personas ricas y poderosas. Ellos tienen una red de negocios y muchas conexiones políticas. A menudo, son los directores de muchas corporaciones poderosas—crean los consejos de administración interconectados. Algunas corporaciones dirigen una variedad de industrias diferentes—crean los conglomerados.

Las corporaciones multinacionales ("las multinacionales") operan en varios países. Éstas son compañías poderosas que controlan mucha de la riqueza del mundo. Dominan las economías de muchas naciones. Contribuyen el ingreso a los obreros en otros países, pero también sacan los recursos y las ganancias. Y suprimen la competición.

Sección 5 – El Trabajo y la Economía Moderna

La economía moderna tiene tres sectores. El sector primario produce bienes y productos con los recursos naturales. Unos ejemplos de trabajos en el sector primario son granjero, pescador, y minero. El sector secundario fabrica los productos de los materiales crudos. Obreros en las fábricas que producen automóviles, computadoras o mobiliario son parte del sector secundario. El sector terciario ("tercero") provee los servicios. Doctores,

one income was enough for a family's needs. Now, families need two incomes to fulfill their needs.

In order to reduce employment in core industries, companies use downsizing and contingent employment. Downsizing is the process of eliminating full-time jobs. Contingent employment involves hiring people on a part-time or a temporary basis.

Many modern workers like their jobs. But they do not trust management and they do not feel loyalty toward their employers.

maestros y banqueros están en el sector terciario.

La tecnología y los adelantos científicos han cambiado la economía. En las sociedades preindustriales e industriales, más personas trabajaron en los sectores primario y secundario. Pero en las sociedades postindustriales, hay muy pocas personas que trabajan en el sector primario. Y más personas trabajan en el sector terciario que en el sector secundario. Los servicios y la información se han hecho una parte más importante de la economía moderna.

Dividimos las ocupaciones en dos gradas (niveles). La grada que está al corazón de la economía consiste en trabajos con corporaciones grandes que encabezan sus industrias. La grada periférica consiste en trabajos en las compañías pequeñas. Las compañías pequeñas compiten con las corporaciones grandes, o hacen el trabajo que las corporaciones grandes no desean hacer. Sesenta y cinco por ciento de obreros norteamericanos están en la grada periférica.

La tecnología crea los trabajos más técnicos, pero muchos obreros no tienen las habilidades necesitadas para estas posiciones. Con los cambios económicos, estas personas deben encontrar el nuevo trabajo. A menudo, los nuevos trabajos no pagan muy bien. Este proceso es el "downwaging" – la reducción en el sueldo. Al pasado, un ingreso servía para comprar las necesidades de una familia. Ahora, las familias necesitan dos ingresos para comprar sus necesidades.

Para reducir el empleo en las industrias que están al corazón de la economía, las compañías usan "downsizing" y el empleo contingente. "Downsizing" es el proceso de eliminar los trabajos jornada completa. El empleo contingente incluye contratando a las personas en empleo media jornada o a corto plazo.

A muchos obreros modernos les gustan sus trabajos. Pero ellos no confían en la dirección de las compañías y ellos no sienten la lealtad hacia sus patrones.

Capítulo 13   PRÁCTICA DE VOCABULARIO

Indicaciones: Escriba el término correcto para cada definición, poniendo una letra en cada recuadro. Las letras encerradas en los círculos formarán la respuesta a la pregunta que está al final de la práctica. Debe escribir todas las respuestas en inglés.

1. Una organización que es propiedad de accionistas.

    ⬚⬚⬚⬚⬚⬚⬚⬚⬚⬚⬚

2. El poder que le dan al gobierno los que están sometidos a sus reglas.

    ⬚⬚⬚⬚⬚⬚⬚⬚⬚

3. La reducción del número de empleados de una empresa.

    ⬚⬚⬚⬚⬚⬚⬚⬚⬚⬚

4. Grupo de empresas que controla la producción de un producto específico.

    ⬚⬚⬚⬚⬚⬚⬚⬚⬚

5. Situación en la que una comunidad es controlada por un pequeño grupo.

    ⬚⬚⬚⬚⬚⬚⬚

6. Habilidad para controlar el comportamiento de otros.

    ⬚⬚⬚⬚⬚

7. Una empresa basada en una sociedad altamente industrializada que tiene plantas operacionales por todo el mundo.

    ⬚⬚⬚⬚⬚⬚⬚⬚⬚⬚⬚⬚⬚

8. Grupo de empresas grandes que dominan su industria.

    ⬚⬚⬚⬚ ⬚⬚⬚⬚

• •

9. Parte de una economía que produce bienes valiéndose del medio ambiente natural.

☐Ⓞ☐☐☐☐☐ ☐☐☐☐☐☐

10. Sistema económico basado en la propiedad privada en donde el objetivo del negocio es obtener utilidades.

☐Ⓞ☐☐☐☐☐☐☐☐

11. Sistema político en el cual un gobernante tiene poder absoluto.

Ⓞ☐☐☐☐☐☐☐☐☐☐☐☐☐☐

12. Utilizar el poder para obligar a alguien a hacer lo que uno quiere en contra de su voluntad.

☐☐Ⓞ☐☐☐☐☐

PREGUNTA: Redes de negocios no relacionados que operan como parte de una corporación individual.

RESPUESTA: ☐☐☐☐☐☐☐☐☐☐☐

Capítulo 13

PRÁCTICA DE REPASO

Verdadero o Falso: Decida si la oración es verdadera o falsa y escriba en los espacios en blanco T o F según sea el caso. Vuelva a escribir las oraciones falsas para que sean verdaderas. Debe escribir todas las respuestas en inglés.

_____ 1. En los gobiernos totalitarios, los sistemas políticos y económicos están estrechamente conectados, pero en las democracias, estos dos sistemas guardan poca relación entre sí.

_____ 2. Cuando un gobierno tiene autoridad legal-racional, el poder se centra en la oficina y no en la persona que está normalmente en ella.

_____ 3. Debido al avance tecnológico en los Estados Unidos, el sector primario de la economía está creciendo.

_____ 4. Actualmente, la democracia representativa se presenta rara vez debido a que toma demasiado tiempo y resulta demasiado caro que todos den su opinión en el gobierno.

_____ 5. Un gran problema con los monopolios es que para las nuevas empresas que están ingresando al mercado es totalmente imposible competir con ellos.

_____ 6. Una de las formas en que el gobierno de los Estados Unidos ayuda a los trabajadores es estableciendo incentivos y regulaciones de salud y de seguridad.

Alternativas múltiples: Escriba en los espacios en blanco la letra de la respuesta correcta. Debe escribir todas las respuestas en inglés.

_____ 7. El hermano mayor de Joe le obliga a limpiar su cuarto diciéndole que si no lo hace no le llevará a la casa de su amigo. Este es un ejemplo de
a) democracia.
b) autoridad.
c) coacción.
d) elitismo.

_____ 8. Todas las gasolineras se han reunido secretamente en su pueblo para determinar cuál será el precio del gas. Este es un ejemplo de un(a)
a) oligopolio
b) democracia
c) monopolio
d) sistema socialista

• •

_____ 9 ¿En qué se diferencia el gobierno autoritario de uno totalitario?
    a) En un gobierno autoritario los ciudadanos eligen a sus funcionarios.
    b) En un gobierno autoritario los funcionarios tienen poder absoluto, mientras que en los de un gobierno totalitario no tienen poder alguno sobre el segmento económico del país.
    c) Los gobiernos autoritarios permiten variar los grados de libertad individual, pero los gobiernos totalitarios no.
    d) Los gobiernos totalitarios son representantes del pueblo, mientras que los autoritarios no.

_____ 10. ¿Cuál de las siguientes alternativas no es cierta en una corporación?
    a) Los funcionarios de una corporación tienen poco impacto en el gobierno.
    b) Es propiedad de los accionistas.
    c) Los accionistas tienen responsabilidad limitada.
    d) Es controlada principalmente por un directorio y sus ejecutivos.

Respuestas cortas: Responda las siguientes preguntas con una o dos oraciones completas. Debe escribir todas las respuestas en inglés.

11. ¿Por qué creía Max Weber que los gobiernos deben tener autoridad para sobrevivir?

_____
_____
_____
_____
_____
_____
_____

12. Dar un ejemplo de un líder político a quien considere carismático. ¿Qué lo hace carismático?

_____
_____
_____
_____
_____
_____
_____
_____

Capítulo 14

ANÁLISIS DE LOS OBJETIVOS DEL APRENDIZAJE

Indicaciones: Responda las siguientes preguntas según las lecturas del capítulo. Debe escribir todas las respuestas en inglés.

1. Explicar el significado sociológico de religión.

_____

_____

_____

2. ¿Cual es la diferencia entre definición sociológica de profano y el concepto usado comúnmente en el mundo?

_____

_____

_____

_____

3. Definir la opinión de los funcionalistas acerca de la religión.

_____

_____

_____

_____

_____

_____

_____

_____

_____

169   SPANISH SUPPLEMENT

• Copyright © by The McGraw-Hill Companies •

4. Definir la opinión de los teóricos del conflicto acerca de la religión.

_____

_____

_____

_____

_____

5. ¿Cuál es la conexión entre capitalismo y protestantismo?

_____

_____

_____

_____

_____

_____

_____

_____

6. Definir la opinión de los interaccionistas simbólicos acerca de la religión.

_____

_____

_____

_____

_____

7. Distinguir entre misas y confesiones.

_____

_____

_____

_____

_____

Name _____ Date _____ Period _____

8. Distinguir entre sectas y cultos.

_____

_____

_____

_____

_____

_____

9. Discutir el significado y naturaleza de la religiosidad.

_____

_____

_____

_____

10. Definir la secularización y describir su relación con la religiosidad en los Estados Unidos.

_____

_____

_____

_____

_____

_____

11. Discutir el fundamentalismo religioso en los Estados Unidos desde la perspectiva sociológica.

_____

_____

_____

_____

_____

_____

• •

12. ¿Cuál es la relación entre religión y clase social?

_____

_____

_____

_____

_____

_____

_____

_____

13. ¿Qué relación existe entre religión y política?

_____

_____

_____

_____

_____

_____

_____

KEY POINTS

Section 1 – Religion and Sociology

Emile Durkheim defined religion as a unified system of beliefs and practices concerned with sacred things. Sacred refers to things and ideas that have special meanings which are above common existence. Profane refers to things and ideas that are commonplace; that are part of the everyday, secular society.

Sociologists study the cultural and social features of religion. They do not study the theological issues of religious doctrine. Sociologists look at the meaning that religion attaches to its invisible world. They study the social effects of religious belief.

Section 2 – Theoretical Perspectives

Almost every culture and society has had religious beliefs and rituals. Durkheim explained that religion serves important functions for society. Religion gives approval to the social order—it tells us who we are and why we have the roles we do. It promotes unity —it is a glue that connects its members. It explains the world around us—it helps us identify and ritualize important life events. And it provides a feeling of belonging—it provides a group identity and a community.

The conflict theory explains that religion is a structure that has developed to a point beyond the control of the people who created it. People feel obligated to belong to the religion. Marx recommended that people abandon their religion because it was controlling them. Marx said that powerful people used the name of God to justify their own advantages and the poor's disadvantages in life.

Weber said that religion could encourage social change. The Protestant work ethic and the spirit of capitalism emphasize hard work and investment in order to be successful.

LOS PUNTOS PRINCIPALES

Sección 1 – La Religión y la Sociología

Emile Durkheim definió la religión como un sistema unificado de creencias y prácticas que tiene una relación con las cosas sagradas. El sagrado se refiere a las cosas y a las ideas que tienen significados especiales que están fuera de la existencia común. El profano se refiere a las cosas y a las ideas que son comunes; que existen en la sociedad cotidiana y secular.

Los sociólogos estudian los rasgos culturales y sociales de la religión. Ellos no estudian los problemas teológicos de las doctrinas religiosas. Los sociólogos miran el significado que los líderes de una religión dan a su mundo invisible. Estudian los efectos sociales de la creencia religiosa.

Sección 2 – Las Perspectivas Teóricas

Casi cada cultura y sociedad ha tenido creencias religiosas y rituales. Durkheim explicó que la religión sirve las funciones importantes para la sociedad. La religión da la aprobación al orden social—nos dice quién nosotros somos y por qué nosotros tenemos los papeles que hacemos. Promueve la unidad —conecta a los miembros. Explica el mundo alrededor de nosotros – nos ayuda a identificar y crear rituales para los eventos importantes en la vida. Y nos da un sentimiento de pertenecer —provee una identidad del grupo y de la comunidad.

La teoría de conflicto explica que la religión es una estructura que ha desarrollado a un punto más allá del control de las personas que lo crearon. La percepción de las personas las obliga pertenecer a la religión. Marx recomendó que las personas abandonen su religión porque estaba controlándolos. Marx dijo que las personas poderosas usaron el nombre de Dios para justificar sus propias

Protestantism tells people to avoid unnecessary consumption.

Symbolic interactionists explain that people place a canopy of symbolic meanings over their everyday lives. The symbols and rituals help people to endure the difficulties in their lives.

Section 3 – Religious Organization and Religiosity

There are four types of religious organizations: church, denomination, sect, and cult.

Church refers to a life-encompassing religious organization. All members of the society are members of the church. Church does not refer to the building or denomination.

A denomination is one of several religious organizations that member of the society determine to be legitimate. Denominations are not connected to government. Most denominations accept the general attitudes of the society. What most Americans call a church—Roman Catholic, Methodist, Presbyterian—are really denominations.

A sect is formed by members of a denomination who wish to reform the parent denomination. Sect members believe that the denomination has lost important values or traditions. The sect incorporates the lost ideas into the existing belief. The Amish, the Quakers, and Puritans are sects.

A cult is a religious organization that does not connect with the existing religious traditions of society. Cults engage in extreme behaviors and have unordinary principles. Heaven's Gate, the Unification Church, and the Church of Scientology are cults.

Religiosity are the types of religious attitudes or behaviors that people practice in their daily lives. Belief is what a person thinks is true. A ritual is a practice such as prayer. The intellectual dimension of religion is knowing about one's faith. Experience includes the feelings that are connected to religious expression. Consequences are the decisions and commitments that people make as a result of their religious beliefs.

ventajas y para explicar las desventajas de los pobres.

Weber dijo que la religión puede incitar el cambio social. El ético protestante de trabajo y el espíritu de capitalismo dan énfasis al trabajo duro y a la inversión de capital para tener el éxito. El Protestantismo les exige a las personas que ellos deban evitar el consumo innecesario.

Los simbólico interaccionistas explican que las personas ponen un dosel de significados simbólicos por encima de sus vidas cotidianas. Los símbolos y los rituales ayudan que las personas soporten las dificultades en sus vidas.

Sección 3 – la Organización Religiosa y la Religiosidad

Hay cuatro tipos de organizaciones religiosas: la iglesia, la denominación, la secta, y el culto.

La iglesia se refiere a una organización religiosa que rodea todas partes de la vida. Todos los miembros de la sociedad son miembros de la iglesia. (La iglesia no se refiere ni al edificio ni a la denominación).

Una denominación es una de varias organizaciones religiosas que la sociedad determina ser legítima. No se conectan las denominaciones al gobierno. La mayoría de las denominaciones acepta las actitudes generales de la sociedad. La que la mayoría de los norteamericanos llaman "iglesia"—el católico, el metodista, el presbiteriano—realmente son denominaciones.

Una secta se forma por los miembros de una denominación que desean reformar la denominación central. Los miembros de la secta creen que la denominación ha perdido los valores o las tradiciones importantes. La secta incorpora las ideas perdidas en la creencia existente. Los Amish, los Cuáqueros, y los Puritanos son sectas.

Un culto es una organización religiosa que no conecta con las tradiciones religiosas existentes de la sociedad. Los cultos entran en las conductas extremas y tienen las verdades fundamentales que son raras. El grupo Puerta al Cielo, la Iglesia de la Unificación, y la Iglesia de Cientología son ejemplos de cultos.

Section 4 – Religion in the United States

Religion has a large influence upon American history. The Puritans came to America for religious freedom. Religious attitudes have influenced American political thought.

Secularization is a process that takes functions performed by religious institutions and gives them to secular institutions. Education used to be operated by churches. Now it is operated by the government.

Ninety-two percent of the American population has a religious preference. Most Americans (88%) are Protestant, Catholic, Jewish, or Mormon. Ninety percent of Americans believe in God.

During the last twenty years, religious fundamentalism among Protestants has risen. Fundamentalism is a desire to resist secularization and to follow traditional religious beliefs very closely. Fundamentalists accept the Bible as a literal truth that is not open to interpretation. They are very critical of social groups that are not like themselves.

Fundamentalism is stronger today because many people believe that the world is out of control. Fundamental religion offers tradition, stability, and emotional support.

Religion and science have a role in society. Many scientists are religious people. Many religious leaders learn and understand scientific principles. In the United States, religion and government are not connected. Scientific facts are taught in public schools. Religious institutions have the freedom to teach different viewpoints.

Social class is related to religious affiliation. People of the higher classes are often Presbyterian, Episcopalian, and Jewish. People of the next class are often Catholic, Lutheran, and Methodist. People of the class below them are often Baptist. There are connections between religion and politics too. For example, many Presbyterians are Republicans and many Jews and Catholics are Democrats.

La religiosidad consiste en los tipos de actitudes religiosas o conductas que las personas practican en sus vidas diarias. La creencia es lo que una persona piensa es verdad. Un ritual es una práctica—rezar, por ejemplo. La dimensión intelectual de religión es saber algo de su fe. La experiencia incluye los sentimientos que están conectados con la expresión religiosa. Las consecuencias son las decisiones y los compromisos que las personas hacen como resultado de sus creencias religiosas—siempre decir la verdad, suceda lo que suceda.

Sección 4 – La Religión en los Estados Unidos

La religión tiene una influencia grande en la historia americana. Los Puritanos vinieron a América para la libertad religiosa. Las actitudes religiosas ejercen influencia sobre el pensamiento político americano.

La secularización es un proceso que toma las funciones realizado por las instituciones religiosas y las da a las instituciones seculares. La educación era operada por las iglesias. Ahora el gobierno la opera.

Noventa y dos por ciento de la población norteamericana tiene una preferencia religiosa. La mayoría de los americanos (88%) es protestante, católico, judío, o mormón. Noventa por ciento de americanos dice que cree en Dios.

Durante los últimos veinte años, el fundamentalismo religioso ha subido entre los protestantes. El fundamentalismo es un deseo para resistirse la secularización y seguir las creencias religiosas tradicionales muy estrechamente. Los fundamentalistas aceptan la Biblia como una verdad literal y que nadie tiene el derecho de interpretarla. Ellos son muy críticos de los grupos sociales que no creen o actúan como ellos.

El fundamentalismo es más fuerte hoy porque muchas personas creen que el mundo está rompiendo en pedazos. La religión fundamental ofrece la tradición, la estabilidad, y el apoyo emocional.

La religión y la ciencia tienen un papel en la sociedad. Muchos científicos son personas religiosas. Muchos líderes religiosos aprenden

y entienden los principios científicos. En los Estados Unidos, no se conectan las instituciones religiosas con el gobierno. Se enseñan los hechos científicos en las escuelas públicas. Y las instituciones religiosas tienen la libertad para enseñar algún punto de vista diferente.

La clase Social se relaciona a la afiliación religiosa. Las personas de las clases superiores son a menudo presbiterianas, episcopalianas, y judías. Las personas de la próxima clase son a menudo católicas, luteranas, y metodistas. Las personas de la clase debajo de ellos son a menudo bautistas. Hay conexiones también entre la religión y política. Por ejemplo, muchos presbiterianos son miembros del partido republicano y muchos judíos y católicos son miembros del partido democrático.

Capítulo 14

PRÁCTICA DE VOCABULARIO

Indicaciones: Complete las oraciones empleando las palabras de la siguiente lista. Debe escribir todas las respuestas en inglés.

culto (cult)
confesión (denomination)
fundamentalismo (fundamentalism)
legítimo (legitimate)
profano (profane)
ética protestante (protestant ethic)

religión (religion)
religiosidad (religiosity)
sagrado(a) (sacred)
secta (sect)
secularización (secularization)

1. El (la) _____ consiste en una serie de valores y normas que enfatizan la economía, el trabajo fuerte, y la propia disciplina.

2. Un(a) _____ es un sistema unificado de creencias y prácticas relativas a cosas sagradas.

3. Justificar o dar autoridad es _____.

4. Un(a) _____ es una organización religiosa que tiene creencias e ideas que no han sido extraídas de las tradiciones religiosas existentes en la sociedad.

5. El (la) _____ se relaciona con oponerse a la secularización y mantener un estrecho acercamiento con las creencias y doctrinas religiosas tradicionales.

6. Una organización religiosa considerada como legítima por una sociedad específica se denomina un(a) _____.

7. El grupo de ceremonias, tradiciones, etc., que emplean las personas para expresar sus creencias religiosas se refieren a un(a) _____.

8. Un objeto o idea no sagrada es un(a) _____.

9. El (la) _____ se origina cuando lo sagrado pierde influencia sobre la sociedad.

• © The McGraw-Hill Companies • • • • • •

10. Cuando una nueva organización religiosa se crea sin el deseo de reformar una organización

existente, se denomina un(a) _____.

11. Una idea u objeto es un(a) _____ si se distingue y se le da un

significado especial más allá de su existencia inmediata.

Capítulo 14   **PRÁCTICA DE REPASO**

Verdadero o Falso: Decida si la oración es verdadera o falsa y escriba en los espacios en blanco T o F según sea el caso. Vuelva a escribir las oraciones falsas para que sean verdaderas. Debe escribir todas las respuestas en inglés.

_____ 1. Una secta es una organización secular.

_____ 2. Si en una sociedad se considera a una organización un culto, también será reconocida como tal en otras sociedades.

_____ 3. Casi todas las sociedades poseen una forma de creencias religiosas.

_____ 4. Emile Durkheim declaró que todas las sociedades poseen rasgos distintivos y tienen un significado más allá de su existencia inmediata.

_____ 5. Los sociólogos estudian las religiones de manera que pueden determinar cuáles son válidas y cuáles no.

Alternativas Múltiples: Escriba en los espacios en blanco, la letra de la respuesta correcta.

_____ 6. Neil piensa que Allah es el único dios verdadero. Este es un ejemplo de
a) creencia.
b) ritual.
c) culto.
d) reformación.

_____ 7. El (la) _____ se refiere a las formas en las cuales nuestras actitudes y comportamientos diarios son afectados por nuestras creencias religiosas.
a) espíritu del capitalismo
b) sectarismo
c) religiosidad
d) secularización

_____ 8. ¿Cuál de las siguientes oraciones describe mejor la ética protestante?
a) Valora el trabajo fuerte, la economía y la disciplina.
b) Cree que las personas deben vivir el momento y no preocuparse del futuro.
c) Cree que los capitalistas no tienen autoridad legítima sobre los trabajadores y que estos deben derrocarlos.
d) Enfatiza la importancia de la vida después de la muerte y trata poco acerca de cómo debemos comportarnos en este mundo.

• •

_____ 9. ¿Cuál de las siguientes oraciones concernientes a la relación entre religión y
política es verdadera?
   a) Los miembros del judaísmo tienden a alinearlas con el partido demócrata
      mientras que los protestantes concuerdan con las opiniones de los republicanos.
   b) Las religiones protestantes de los miembros se adaptan más al partido demócrata
      que los de los católicos romanos.
   c) Los católicos tienden a ser más conservadores políticamente que los protestantes.
   d) Los judíos tienden a ser más conservadores políticamente que los protestantes.

Respuestas Cortas: Responda las siguientes preguntas con una o dos oraciones completas. Debe
escribir todas las respuestas en inglés.

10. ¿Cree usted que la ética protestante ha tenido una influencia positiva o negativa en el
desarrollo económico de los Estados Unidos? Fundamentar su respuesta.

_____

_____

_____

_____

11. Pensar en un objeto que sea profano en una religión y sagrada en otra. ¿Por qué cree que
existe esa diferencia?

_____

_____

_____

_____

12. La religión y la política se confunden con frecuencia. Por ejemplo, algunas organizaciones
religiosas han peleado mucho contra la legalización del aborto. ¿Cree usted que las religiones
deben involucrarse en la política? Sí/No ¿Por qué?

_____

_____

_____

_____

Capítulo 15

ANÁLISIS DE LOS OBJETIVOS DEL APRENDIZAJE

Indicaciones: Responda a las siguientes preguntas según las lecturas del capítulo. Debe escribir todas las respuestas en inglés.

1. ¿En qué se diferencia la definición sociológica del deporte al concepto comúnmente usado en el mundo?

    _____
    _____
    _____
    _____
    _____
    _____

2. Justificar el deporte como una institución norteamericana.

    _____
    _____
    _____
    _____
    _____
    _____

3. ¿Cómo refleja el deporte la cultura y la sociedad norteamericana?

    _____
    _____
    _____
    _____
    _____
    _____

• •

4. ¿Qué son las subculturas deportivas y por qué se desarrollan? Dar un ejemplo.

_____

_____

_____

_____

5. Explicar el deporte en Norteamérica desde la perspectiva funcionalista.

_____

_____

_____

_____

_____

_____

_____

_____

_____

_____

6. Explicar el deporte en Norteamérica desde la perspectiva del conflicto.

_____

_____

_____

_____

_____

_____

_____

_____

7. Explicar el deporte en Norteamérica desde la perspectiva interaccionista simbólica.

_____

_____

_____

_____

_____

8. Definir la relación entre el deporte norteamericano y la inestabilidad social.

_____

_____

_____

_____

_____

9. Citar una evidencia del racismo en el deporte norteamericano.

_____

_____

_____

_____

_____

_____

_____

_____

_____

SPANISH SUPPLEMENT

••

10. Discutir el sexismo en el deporte norteamericano.

_____

_____

_____

_____

_____

_____

_____

_____

_____

_____

_____

_____

KEY POINTS

LOS PUNTOS PRINCIPALES

Section 1 – The Nature of Sport in America

Sociologists define sport as a set of competitive activities in which winners and losers are determined by physical performance within a set of established rules. Sociologists note a difference between sport, contests, and recreation.

Sport is another of the social institutions. It aids in the identification of self with society. Sport reflects society. Dominance, success, and power in society have a similar place in sport. Sport reflects the culture's emphasis on achievement.

A sport subculture is a group within a culture has some of its own distinct roles, values and norms. Sport subcultures are organized around a sport activity. Football and hockey have their own norms regarding violence.

Section 2 – Theoretical Perspectives and Sport

Functionalists see the positive aspects of sport – it teaches a society to operate smoothly.

Sport teaches basic beliefs, norms and values. Sport prepares young people to work in organizations and to strive for achievement.

Sport promotes a sense of social identification. Team allegiance connects people to their community or nation.

Players can safely release aggression during sporting events. Spectators can also release anger, frustration and other emotions at these events.

Sport encourages the development of character. Competition teaches about hard work, discipline and self-sacrifice.

Functionalists note that the encouragement of violence is one of the disadvantages of sport. Players are taught to win at any cost— they often use unfair methods to do so.

Sección 1 – El Carácter de Deportes en los Estados Unidos

Los sociólogos definen el deporte como un juego de actividades competitivas en que los ganadores y los perdedores están determinados por la actuación física dentro de un juego de reglas establecidas. Los sociólogos notan una diferencia entre el deporte, los concursos, y la recreación.

El deporte es otro de las instituciones sociales. Ayuda en la identificación del individuo con la sociedad. El deporte refleja la sociedad. La dominación, el éxito, y el poder en la sociedad tienen un lugar similar en el deporte. El deporte refleja el énfasis de la cultura en el logro.

Una subcultura deportiva es un grupo dentro de una cultura que tiene algunas de sus propios papeles distintos, valores y normas. Las subculturas deportivas se centran alrededor de una actividad deportiva. El fútbol norteamericano y el hockey tienen sus propias normas con respecto a la violencia.

Sección 2 – Las Perspectivas Teóricas y los Deportes

Los funcionalistas consideran los aspectos positivos de los deportes – por medio de los deportes, la sociedad aprende a operar fácilmente.

Los deportes enseñan las creencias básicas, las normas y los valores. Les preparan a los jóvenes para trabajar en las organizaciones y para esforzarse a lograr.

Los deportes promueven un sentido de identificación social. La fidelidad al equipo conecta a las personas a su comunidad o a su nación.

Los jugadores pueden expresar seguramente la agresión durante los eventos deportivos. Los espectadores también pueden

Conflict theorists describe the ways that sport reflects the unequal distribution of power in society. The powerful manipulate others to satisfy their own interests. Even if people in the society are united by their team, after the game, the old social, racial, and sexist divisions are still in place.

Conflict theorists also point out the unsportsmanlike behavior of many athletes, the drug use, and other scandals involving athletes.

Symbolic interactionists focus on the personal meanings, social relationships, and self-identity development of the players. Players learn from their coaches and they assign meaning to the sport environment. Often, the meanings that players assign are very different from the meanings that the coaches intend.

Section 3 – Social Issues in Sport

Success at sports has been linked to social mobility. Playing sport increases one's place in the social stratification structure. Successful athletes earn more money than their parents earned, gain prestige, and receive an education. Minority students often use athletic achievement as a means of improving their lives.

High school athletes have a very small chance of getting a position in professional sports. Athletes must make plans for an alternate career in the event that they do not move into the pros.

Stacking is a form of discrimination. Non-minority players receive central decision-making roles (such as quarterback) and minority players receive positions that do not involve leadership (such as defensive end).

Discrimination appears in salaries. Many minority players receive the same or higher pay than white teammates. But they must perform better than the white players in order to get this pay.

In the power structure of professional sports, there are few minority coaches, managers, owners, executives, or commissioners.

Women experience discrimination in sports. Societies see women athletes as

soltar el enojo, la frustración y las otras emociones durante estos eventos.

Los deportes ayudan en el desarrollo del carácter personal. La competición le enseña al individuo del trabajo duro, de la disciplina y del sacrificio personal.

Los funcionalistas dicen que el estímulo de violencia es una de las desventajas de los deportes. Los entrenadores enseñan a los jugadores que ellos tienen que ganar no importa el precio—ellos usan a menudo los métodos injustos para alcanzar esa meta.

La teoría de conflicto describe la manera en que los deportes reflejan la distribución desigual de poder en la sociedad. Los poderosos manipulan a otros para satisfacer sus propios intereses. Aun cuando las personas en la sociedad están unidas para apoyar su equipo, después del partido, las divisiones sociales, raciales, y sexistas todavía quedan fijas.

La teoría de conflicto también señalan la conducta deshonrosa de muchos atletas, el uso de drogas, y otros escándalos que envuelven a los atletas.

Los simbólico interaccionistas enfoquen en los significados personales, las relaciones sociales, y el desarrollo del concepto personal de los jugadores. Los jugadores aprenden de sus entrendaores, y ellos asignan significado al ambiente deportivo. A menudo, los significados que los jugadores le asignan son muy diferentes de los significados en los que los entrenadores están pensando.

Sección 3 – Los Problemas Sociales en los Deportes

Tener éxito en los deportes se ha enlazado a la movilidad social. La posición de jugador deportivo aumenta el estado del individuo en la estructura de la estratificación social. Los atletas exitosos ganan más dinero que sus padres ganaron, sacan el prestigio, y reciben una educación. Los estudiantes minoritarios usan a menudo el logro atlético como un medio de mejorar su vida.

Los atletas de la escuela secundaria tienen una oportunidad muy pequeña de conseguir una posición en las ligas profesionales. Mucho de ellos no pasan a los deportes profesionales,

unfeminine. Women are discouraged from pursuing careers in sports. Women's sports programs were not usually equal to men's programs.

In 1972, the Educational Amendment Act (Title IX) declared that women and men must receive equal access to sports. Now there are many more teams for women athletes.

There are recent declines in the number of women who are in charge of women's sports teams and programs. Conflict theorists find that since men control most sport power structures, they are more likely to hire male coaches.

The pay received by female athletes is significantly less than the pay for men. Yet, many female athletes are achieving great success and prestige in their sports.

entonces, los atletas deben planear para una carrera alternada.

Amontonar ("stacking") es una forma de discriminación. Los jugadores que no son minorías reciben posiciones centrales en el equipo; las que requieren que ellos hacen decisiones (como el "quarterback") y los jugadores minoritarios reciben posiciones que no tienen autoridad (como el "defensive end").

La discriminación aparece en los sueldos. Muchos jugadores minoritarios reciben el mismo sueldo o más que los compañeros de equipo blancos. Pero ellos tienen que jugar mucho mejor que los jugadores blancos para conseguir éste.

En la estructura de poder de deportes profesionales, hay pocos entrenadores, gerentes, dueños, ejecutivos, o comisionados que son de culturas minoritarias.

Las mujeres sufren la discriminación en los deportes. Las sociedades han declarado que las mujeres que son atletas no son femeninas. Se descorazonan a las mujeres de seguir las carreras en los deportes. Los programas de deportes para mujeres no eran normalmente iguales a los programas para hombres.

En 1972, el Acto de la Enmendadura Educativa (el Título IX) declaró que las mujeres y los hombres deben recibir el acceso igual a los deportes. Hoy en día, hay muchos más equipos para las mujeres.

Recientemente, hay disminuciones en el número de mujeres que son encargado de los equipos o de los programas para mujeres. La teoría de conflicto descubrió que debido a que los hombres controlan las estructuras de poder deportivas, ellos más probablemente escogen a los entrenadores masculinos.

La paga que las mujeres deportistas ganan está significativamente menos de la paga para los hombres. No obstante, muchas mujeres están logrando gran éxito y prestigio en sus deportes.

Capítulo
15

PRÁCTICA DE VOCABULARIO

Indicaciones: Defina cada uno de los siguientes términos. Debe escribir todas las respuestas en inglés.

1. deporte (sport)

    _____

    _____

2. subcultura deportiva (sport subculture)

    _____

    _____

3. apilamiento (stacking)

    _____

    _____

Capítulo 15

PRÁCTICA DE REPASO

Verdadero o Falso: Decida si la oración es verdadera o falsa y escriba en los espacios en blanco T o F según sea el caso. Vuelva a escribir las oraciones falsas para que sean verdaderas. Debe escribir todas las respuestas en inglés.

_____ 1. Una razón por la que el deporte es importante en la sociedad norteamericana es que ésta refleja su énfasis en el logro.

_____ 2. El título IX de la Ley de Mejoramiento Educacional realiza una discriminación ilegal de género en instituciones educacionales que reciben fondos federales.

_____ 3. El deporte es perjudicial para la alta inestabilidad de las minorías cuando desvía la atención de los jóvenes a obtener habilidades académicas y laborales.

_____ 4. Actualmente, las mujeres ocupan la mitad de los puestos administrativos y de capacitación en los programas de mujeres.

_____ 5. En el deporte, siempre debe haber ganadores y perdedores.

Alternativas Múltiples: Escriba en los espacios en blanco, la letra de la respuesta correcta.

_____ 6. ¿Qué dijo Michael Smith acerca de la violencia entre los jugadores de hockey?
   a) Rara vez, los jugadores de hockey son violentos y tienden a seguir las reglas al pie de la letra.
   b) Se origina la violencia ocasional, pero la mayoría de los jugadores menosprecian a los jugadores violentos y el equipo abandona totalmente la violencia.
   c) Los jugadores son violentos porque saben que a las admiradoras les gusta y quieren que grandes multitudes acudan a sus juegos.
   d) Los jugadores creen que la violencia es necesaria para adquirir y mantener el honor.

_____ 7. ¿Cuál de las siguientes perspectivas teóricas afirma que un papel principal del deporte es liberar cuidadosamente los sentimientos agresivos?
   a) funcionalismo
   b) teoría del conflicto
   c) interaccionismo simbólico
   d) ninguna de las anteriores

_____ 8. De acuerdo con la perspectiva del interaccionismo simbólico, los miembros del equipo estudian como de costumbre los valores en la Liga Pequeña para asociarse con
   a) masculinidad y el pensamiento.
   b) injusticia y la cooperación.
   c) debilidad.
   d) democracia y la alta inestabilidad.

 SPANISH SUPPLEMENT

•••

_____ 9. El proceso de _____ discrimina a las minorías colocándolas en posiciones menos importantes que a los jugadores blancos.
   a) Darwinismo Social
   b) alta inestabilidad
   c) apilamiento
   d) pluralismo

Respuestas Cortas: Responda las siguientes preguntas con una o dos oraciones completas. Debe escribir todas las respuestas en inglés.

10. ¿Un sociólogo podría calificar a un torneo de ajedrez como un deporte? Explicar su respuesta.

_____

_____

_____

_____

_____

_____

11. Dar un ejemplo de una subcultura deportiva de la cual es consciente. ¿Cuáles son sus características?

_____

_____

_____

_____

_____

12. El funcionalismo y las perspectivas del deporte de la teoría del conflicto son significativamente diferentes. ¿Con cuál de ellas está de acuerdo? ¿Por qué?

_____

_____

_____

_____

_____

_____

Capítulo 16

ANÁLISIS DE LOS OBJETIVOS DEL APRENDIZAJE

Indicaciones: Responda las siguientes preguntas según las lecturas del capítulo. Debe escribir todas las respuestas en inglés.

1. ¿Por qué los sociólogos estudian a la población?

_____

_____

_____

_____

_____

_____

2. ¿Cómo miden los demógrafos la fertilidad?

_____

_____

_____

_____

_____

_____

3. ¿Cuál es la diferencia entre fertilidad y fecundidad?

_____

_____

_____

_____

_____

_____

• © The McGraw-Hill Companies • • • •

4. ¿Cómo analizan y miden los demógrafos la mortalidad?

_____

_____

_____

_____

_____

_____

_____

5. ¿Por qué se considera la tasa de mortalidad infantil un buen indicador del estado de salud de un grupo?

_____

_____

_____

_____

_____

_____

6. ¿Cómo miden los demógrafos la migración?

_____

_____

_____

_____

_____

7. ¿Qué diferencia existe entre el crecimiento lineal y el crecimiento exponencial?

_____

_____

_____

_____

_____

● SPANISH SUPPLEMENT ● ● ● ● ●

8. ¿Por cuál teoría se recuerda más a Thomas Malthus? ¿Cómo la aplicó al control de la población?

_____

_____

_____

_____

_____

9. La teoría de transición demográfica toma en cuenta dos aspectos que no pronosticó Malthus. ¿Cuáles son?

_____

_____

_____

_____

_____

10. Describir el crecimiento demográfico mundial proyectado.

_____

_____

_____

_____

_____

_____

11. Discutir las primeras ciudades preindustriales.

_____

_____

_____

_____

_____

_____

_____

Name _____ Date _____ Period _____

• •

12. Analizar el desarrollo de las ciudades modernas.

_____

_____

_____

_____

_____

_____

13. ¿Qué son sobreurbanización y suburbanización?

_____

_____

_____

_____

14. Discutir las cuatro teorías principales del crecimiento de la ciudad.

_____

_____

_____

_____

_____

_____

_____

_____

_____

_____

_____

_____

_____

| Chapter 16 | POPULATION AND URBANIZATION | Capítulo 16 | LA POBLACIÓN Y LA URBANIZACIÓN |

KEY POINTS

LOS PUNTOS PRINCIPALES

Section 1 – The Dynamics of Demography

A population is a group of people living in a particular place at a specified time. Demography is the study of population. Populations grow and change as a response to various circumstances.

Demographers study the number of people in a population (size), where they are located (distribution), what groups are part of the population (composition), and their ages (age structure).

Fertility measures births. The crude birth rate tells how many children are born per one thousand people each year. Demographers also look at births to women only, and births to women of child-bearing age only. Health issues, and social issues (such as contraception) influence birth rate.

Mortality measures deaths. Life span tells how long a human may live. Life expectancy tells the average number of years that persons in a population can expect to live. Current life expectancy is 66 years. The crude death rate tells how many people die per one thousand people each year. Demographers also look at the death rate by age group.

The infant mortality rate is the number of deaths among infants under one year of age per one thousand live births. The conditions of a society quickly affect infants. The infant mortality rate is a good indicator of the state of society.

Migration measures movement from one region to another. Gross migration is the total number of people who enter and leave an area each year. Net migration is the annual increase or decrease in population.

Section 2 – World Population

Population grows by a process called exponential growth. Instead of "adding up,"

Sección 1 – La Dinámica de la Demografía

Una población es un grupo de personas que viven en un lugar particular en un momento especificado. La demografía es el estudio de las poblaciones. Las poblaciones crecen y cambian para responder a varias circunstancies.

Los demógrafos estudian el número de personas en una población (el tamaño), dónde ellos se localizan (la distribución), qué grupos son parte del población (la composición), y sus edades (la estructura de edad).

La fertilidad mide los nacimientos. El tipo del nacimiento crudo da la cantidad de niños que están nacido por mil personas cada año. Los demógrafos también cuantifican los nacimientos a la población de mujeres, y los nacimientos solamente a las mujeres de edad de maternidad. Los asuntos con la salud y los asuntos sociales (como el anticoncepcionismo) influencian el tipo de nacimiento.

La mortalidad mide las muertes. La duración de la vida dice por cuántos años un ser humano puede vivir. La esperanza de vida dice el medio número de años que las personas en una población pueden esperar vivir. La esperanza de vida actual es 66 años. La mortalidad cruda da la cantidad de personas que se mueren por mil personas cada año. Los demógrafos también estudian la mortalidad por cada grupo etario.

El tipo de mortalidad infantil es el número de muertes entre los infantes que tienen menos de un año de edad por cada mil infantes que están nacido viviente. Las condiciones de una sociedad rápidamente afectan a los infantes. El tipo de mortalidad infantil es un buen indicador del estado de la sociedad.

La migración mide el movimiento de personas de una región a otra. La migración bruta es el número total de personas que entran

195

population growth "multiplies." The increase in world population happens at a fast pace. There are six billion people on earth. By the year 2100 there will be eleven billion people.

Thomas Robert Malthus studied the relationship between population growth and economic development. He said that population, if not controlled, would exceed the food supply. The food supply does not increase fast enough to feed everyone. Poverty and starvation will increase. Malthus recommended that governments encourage preventative programs to limit population growth.

Developed nations have a pattern of population growth that contains agricultural productivity and birth control. This theory of demographic transition is different from Malthus' theory.

The world's population growth is decreasing. By 2100 there will be zero population growth and the world population will remain stable at eleven billion people.

Population control is the conscious attempt to regulate population size through national birth control programs. Voluntary population control—like in the U.S. and Canada—uses family planning methods of birth control. Compulsory population control—like in China and Singapore—uses economic rewards and penalties to prevent people from having large families.

Dependency ratios show how much of the population must be supported by the society. Children and the elderly are dependent. This number indicates how much of a nation's resources will be used to support these people.

Section 3 – The Urban Transition

A city is a dense and permanent concentration of people living in a limited geographic area who earn their living through nonagricultural activities. Urbanization is the process by which large portions of the world's population moves near to or into cities.

Early cities began when farmers grew enough surplus food for more people. This permitted people to leave farms and work in other industries. As people moved to cities, more business and services came. In the industrial age, factories and their suppliers

en y dejan de una región cada año. La migración neta es el aumento o reducción anual de la población.

Sección 2 – La Población Mundial

La población mundial crece por un proceso del crecimiento exponencial. En lugar de un proceso de "sumar," la población "multiplica." El aumento en la población mundial ocurre a un paso rápido. Hay seis mil millones de personas en la tierra. Por el año 2100 habrá once mil millones de personas.

Thomas Robert Malthus estudió la relación entre el crecimiento demográfico y el desarrollo económico. Él dijo que la población, sin programas de control, excedería el suministro de alimentación disponible. El suministro de alimentación no crecerá bastante rápido para alimentar a todo el mundo. La pobreza y la muerte de hambre aumentarán. Malthus recomendó que los gobiernos instituyan los programas preventivos para limitar el crecimiento demográfico.

Los países en desarrollo tienen un modelo de crecimiento demográfico que contiene la productividad agrícola y la anticoncepción. Esta teoría—la transición demográfica—es diferente de la teoría de Malthus'.

El crecimiento demográfico del mundo está disminuyendo. Por el año 2100, el planeta tendrá un crecimiento demográfico de cero, y la población mundial permanecerán estable a once mil millones de personas.

El control de población es el esfuerzo consciente a regular el tamaño de la población a través de los programas de la anticoncepción. El control voluntario de población—como en los EE.UU. y en el Canadá—usa métodos de la planificación de familia y la anticoncepción. El control obligatorio de población—como en China y Singapur—usa premios y castigos económicos para impedirles a las personas tener las familias grandes.

La relación de dependencia muestra cuánto de la población necesita el apoyo de la sociedad. Los niños y los viejos son dependientes. Este número indica cuánto de los recursos de una nación se usará para apoyar a estas personas.

moved near one another in cities. Workers moved to cities to be near their jobs. Transportation permitted people to travel to jobs and it permitted factories to ship their products.

In undeveloped countries, there is one enormous city instead of several small, medium, and large cities. Poor people come to cities hoping to find jobs. But in undeveloped countries, there are more workers than there are jobs. Many of the people live in slums and are extremely poor. Overurbanization occurs when a city cannot provide adequate jobs and housing for its inhabitants.

Suburbanization occurs when central cities lose population to the surrounding areas—such as in the United States. When services such as communication and transportation are reliable, people can live outside of the city but still have access to it. When people leave the city, the tax base decreases. Poorer people move in to the city and they need services. But without a tax base, it is difficult to provide services to them. This causes the "central-city dilemma."

Suburbs attract people with their decreased crowding, low taxes, better schools, less crime, and a more natural environment. Some large suburbs—known as edge cities—have all of the services of a city but they also specialize in a specific industry.

Section 4 – Urban Ecology

Urban ecology is the study of the relationships between humans and their city environments.

The concentric zone theory describes urban growth in terms of circular areas that grow outward from the city center. The central business district is at the center. There is a zone in transition around the center – used for warehouses and other small businesses. There is a zone of worker homes around that, a residential zone of nicer homes around that, and a commuter zone beyond that where one finds the nicest homes.

The sector theory does not view urban development as a series of circles. Instead, it sees triangular regions of services and businesses growing along transportation routes. The city is divided along sectors of businesses, homes, hotels, and restaurants.

Sección 3 – La Transición Urbana

Una ciudad es una concentración densa y permanente de personas que viven en una área geográfica limitada y que gana su ingreso a través de las actividades no agrícolas. La urbanización es el proceso por lo cual las porciones grandes de la población del mundo se mudan cerca de o en las ciudades.

Las ciudades antiguas empezaron cuando las fincas produjeron bastante comida superavitaria para alimentar a más personas. Les permitió que las personas dejen de las fincas y trabajen en otras industrias. Cuando las personas se mudaron a las ciudades, otros negocios y otros servicios vinieron también. En la edad industrial, las fábricas y sus proveedores trasladaron más cercanos en las ciudades. Los obreros se mudaron a las ciudades para estar cerca de sus trabajos. El transporte les permitió a las personas viajar a los trabajos y permitió a las fábricas enviar sus productos.

En los países en desarrollo, hay una sola ciudad enorme en lugar de varias pequeñas, medianas, y grandes ciudades. Los pobres que vienen a las ciudades esperan encontrar trabajo. Pero en los países en desarrollo, hay más obreros que hay trabajos. Muchas de estas personas viven en los barrios bajos y son sumamente pobre. La urbanización extrema ocurre cuando una ciudad no les puede proveer ni trabajos y alojamientos adecuados a sus habitantes.

El crecimiento de los suburbios ocurre cuando las ciudades centrales pierden su población a las regiones circundantes—como en los Estados Unidos. Cuando hay servicios de la comunicación y del transporte confiables, las personas pueden vivir fuera de la ciudad pero todavía pueden tener el acceso a la ciudad. Cuando las personas dejan de la ciudad, hay reducciones en los ingresos tributarios. Las personas más pobres se instalan a la ciudad y ellos necesitan servicios públicos. Pero sin impuestos suficientes, es difícil darles esos servicio. Ocurre el dilema de la ciudad central.

Los suburbios atraen a las personas con su falta de una superpoblación, sus impuestos bajos, sus escuelas buenas, su falta de crimen,

SPANISH SUPPLEMENT

The multiple nuclei theory divides the city into many small areas each with a specialized service. There are areas devoted to business, housing, and manufacture. Highways and cars make it easy to travel among these areas.

The peripheral theory demonstrates growth away from the city center. The main feature of this model is the growth of suburbs and edge cities.

y su naturaleza. Algunos suburbios grandes—las ciudades del borde—tienen todos los mismos servicios de una ciudad pero ellos también especializan en una industria específica.

Sección 4 – La Ecología Urbana

La ecología urbana es el estudio de las relaciones entre los seres humanos y sus ciudades.

La teoría de la zona concéntrica describe el crecimiento urbano por lo que se refiere a regiones redondas que crecen del centro de la ciudad. La zona comercial central está al corazón. Hay una zona en transición que rodea el centro—para los almacenes y otros negocios pequeños. Hay una zona de casas de obreros que rodea ésa, una zona residencial de casas más buenas que rodea ésas, y la zona de conmutadores que está más allá de aquellas donde se encuentra las casas más finas.

La teoría del sector no considera que el desarrollo urbano es una serie de círculos. En vez de círculos, hay triángulos de servicios y negocios que crecen a lo largo de las rutas del transporte. Se divide la ciudad a lo largo de los sectores de negocios, de casas, de hoteles, y de restaurantes.

La teoría de los núcleos múltiples divide la ciudad en muchas regiones pequeñas cada una con un servicio especializado. Hay partes de la ciudad especialmente para negocios, para casas, y para fábricas. Las carreteras y los carros lo hacen fácil viajar entre estas regiones.

La teoría periférica demuestra el crecimiento más allá del corazón de la ciudad. El rasgo principal de este modelo es el crecimiento de los suburbios y de las ciudades del borde.

Capítulo 16   PRÁCTICA DE VOCABULARIO

Indicaciones: Complete las oraciones empleando las palabras de la siguiente lista. Debe escribir todas las respuestas en inglés.

censo (census)
ciudad (city)
demógrafo (demographer)
índice de dependencia (dependency ratio)
planeamiento familiar (family planning)
fecundidad (fecundity)
tasa de fertilidad (fertility rate)
tasa de mortalidad infantil (infant mortality rate)

esperanza de vida (life expectancy)
mortalidad (mortality)
migrar (migrate)
población (population)
pirámide de la población (population pyramid)
suburbanización (suburbanization)
urbanización (urbanization)
crecimiento demográfico cero (zero population growth)

1. Cuando nos referimos a las muertes dentro de una población estamos hablando de

   _____.

2. Una persona que analiza las poblaciones, incluyendo su tamaño, estructura, distribución y

   edades, se denomina un(a) _____.

3. Al hecho de controlar voluntariamente el número de hijos que tiene una pareja se denomina

   _____.

4. Cuando las personas se trasladan de un área geográfica a otra, ellos

   _____.

5. Un(a) _____ puede utilizarse para representar gráficamente la edad

   y la composición del sexo de una población específica.

6. El (la) _____ es el proceso de un alto porcentaje de personas que

   viven en la ciudad o alrededores.

7. Un(a) _____ consiste en un grupo de personas que viven en cierta

   área en un momento determinado.

• •

8. El (la) _____ se origina cuando las personas se trasladan de las ciudades a otras áreas de los alrededores.

9. El (la) _____ se califica como el número de muertes entre los niños menores de 1 año de cada mil nacimientos.

10. El número de personas menores de 15 y mayores de 65 años en comparación con el número de personas entre los 15 y los 65 años se denomina _____.

11. El número estimado de años de vida de un niño en los Estados es aquel(la) _____ del individuo.

12. Cuando un gobierno realiza un(a) _____, contabiliza y divide en categorías a su población.

13. El (la) _____ se refiere al número máximo de niños que posiblemente tenga una mujer.

14. Un(a) _____ puede definirse como un grupo permanente y sólido de personas que viven en un área geográfica relativamente pequeño quienes principalmente no viven de sus actividades agrícolas.

15. El (la) _____ se origina cuando el número de muertes es igual al número de nacimientos.

16. El (la) _____ es el número anual de nacimientos de cada mil mujeres.

Capítulo 16

PRÁCTICA DE REPASO

Verdadero o Falso: Decida si la oración es verdadera o falsa y escriba en los espacios en blanco T o F según sea el caso. Vuelva a escribir las oraciones falsas para que sean verdaderas. Debe escribir todas las respuestas en inglés.

_____ 1. Los sociólogos están preocupados por las estadísticas demográficas ya que éstas afectan la estructura social.

_____ 2. Mientras menos educada sea una mujer, tendrá menos hijos durante su vida.

_____ 3. Actualmente en los Estado Unidos, existe un gran abismo entre la esperanza de vida y el periodo de vida.

_____ 4. Thomas Robert Malthus creía que la población podría ser controlada educando personas pobres y aumentar su nivel de vida.

_____ 5. El estudio de la relación entre la gente que vive en la ciudad y sus alrededores se denomina ecología urbana.

_____ 6. Un problema con el crecimiento demográfico cero es que aun cuando los métodos de control de natalidad se encuentren a disposición de todos, en muchas partes del mundo las personas decidirán tener familias grandes.

Alternativas Múltiples: Escriba en los espacios en blanco, la letra de la respuesta correcta. Debe escribir todas las respuestas en inglés.

_____ 7. La tasa de mortalidad infantil es/está
   a) Incrementándose en el mundo debido a la contaminación.
   b) un buen indicador del estado de salud de toda la población.
   c) más alta en los países industriales que en los países en vías de desarrollo.
   d) la más alta en los países que tienen la esperanza de vida más larga.

_____ 8. El objetivo de una pirámide de población es para
   a) mostrar gráficamente la edad y la composición del sexo de una población.
   b) predecir cómo cambiará la población durante los próximos cien años.
   c) ilustrar el porcentaje de personas en áreas urbanas en comparación con las áreas rurales.
   d) pronosticar el ingreso promedio familiar para las personas en los diferentes países.

_____ 9. El inicio de una ciudad moderna se origina
   a) cuando los granjeros puedan producir suficiente alimento extra para alimentar a la gente que vive en la ciudad.
   b) cuando había muy poca tierra para que continúe un granjero.
   c) con el inicio de la revolución industrial.
   d) hace aproximadamente 1000 años.

• •

_____ 10. Según la teoría _____, a medida que crecen las ciudades, se crean los nuevos círculos de desarrollo, desde el centro.
   a) periférica
   b) de zona concéntrica
   c) del sector
   d) de núcleos múltiples

Respuestas Cortas: Responda las siguientes preguntas con una o dos oraciones completas. Debe escribir todas las respuestas en inglés.

11. Explicar la diferencia entre fecundidad y fertilidad.

_____

_____

_____

_____

_____

12. ¿Qué se quiere decir con population momentum? ¿Cómo resulta ser un problema cuando se trata de lograr un crecimiento demográfico cero?

_____

_____

_____

_____

_____

_____

13. ¿Cómo estimularon los desarrollos tecnológicos al crecimiento de los barrios periféricos?

_____

_____

_____

_____

_____

_____

ANÁLISIS DE LOS OBJETIVOS DEL APRENDIZAJE

Capítulo 17

Indicaciones: Responda las siguientes preguntas según las lecturas del capítulo. Debe escribir todas las respuestas en inglés.

1. Definir tres procesos sociales importantes que contribuyen al cambio social.

   _____

   _____

   _____

   _____

2. ¿Cuán importante es la tecnología para un cambio social? Dar ejemplos.

   _____

   _____

   _____

   _____

   _____

   _____

3. Discutir cómo el boom de la natalidad generó un cambio social.

   _____

   _____

   _____

   _____

   _____

   _____

   _____

   _____

••

4. Discutir cómo el medio ambiente natural ha generado cambios en la cultura norteamericana.

_____

_____

_____

_____

_____

_____

5. Discutir cómo la revolución y la guerra generan cambios en las culturas.

_____

_____

_____

_____

_____

_____

_____

_____

_____

6. Describir el cambio social desde el punto de vista de la perspectiva funcionalista.

_____

_____

_____

_____

_____

_____

_____

_____

• SPANISH SUPPLEMENT • • • •

7. Describir el cambio social desde el punto de vista de la perspectiva del conflicto.

_____

_____

_____

_____

_____

_____

8. Describir el cambio social desde el punto de vista de la perspectiva interaccionista simbólica.

_____

_____

_____

_____

_____

_____

_____

9. ¿Qué son los rumores y las leyendas urbanas? ¿Por qué están esparcidas y son aceptadas como verdaderas por colectividades diferentes?

_____

_____

_____

_____

_____

_____

10. Comparar y diferenciar novedades y modas.

_____

_____

_____

_____

_____

• •

11. Diferenciar los cuatro tipos básicos de multitud.

_____

_____

_____

_____

_____

_____

_____

_____

_____

_____

12. Explicar brevemente la teoría del contagio en el comportamiento en multitud.

_____

_____

_____

_____

_____

_____

_____

13. Explicar brevemente la teoría de la norma emergente en el comportamiento en multitud.

_____

_____

_____

_____

_____

_____

_____

_____

14. Explicar brevemente la teoría de convergencia en el comportamiento en multitud. ¿En qué se diferencia el supuesto básico de la teoría de convergencia del supuesto básico de las teorías del contagio y de la norma emergente?

_____

_____

_____

_____

_____

_____

_____

_____

_____

15. Nombrar y describir brevemente los cuatro tipos básicos de los movimientos sociales identificados por el sociólogo David Aberle (1991).

_____

_____

_____

_____

_____

16. Explicar la teoría del valor agregado de los movimientos sociales y definir el proceso de valor agregado.

_____

_____

_____

_____

_____

_____

_____

_____

SPANISH SUPPLEMENT

_____

_____

_____

_____

_____

_____

_____

_____

_____

_____

17. Explicar la teoría de la movilización de recursos de los movimientos sociales.

_____

_____

_____

_____

_____

_____

_____

| Chapter 17 | SOCIAL CHANGE AND COLLECTIVE BEHAVIOR | Capítulo 17 | EL CAMBIO SOCIAL Y LA CONDUCTA COLECTIVA |

KEY POINTS

LOS PUNTOS PRINCIPALES

Section 1 – Social Change

Social change occurs when many members of the society adopt new behaviors. The new changes must be long-term and must have important consequences.

Social change occurs over the span of several generations. The history of a society influences the way the future changes happen. Discovery, invention, and diffusion are social processes that cause change.

In the discovery process, something is learned or reinterpreted. People can discover new things that they did not know about, or they can find new meanings and uses for common things.

In the invention process, new things are created from things that already exist. When a society has complex items, it is able to invent other things more rapidly.

Diffusion occurs when a society adopts something from another society or culture. When cultures have greater social contact, they are more likely to exchange ideas, beliefs, and values.

Technology includes knowledge and hardware (tools). A society with new technologies will certainly soon experience change. Industrial, medical, and computer technology created enormous changes to world societies.

Population changes create change in society. Populations make demands upon a society, enact legislation, produce products, and need healthcare.

Nature causes change as well. Territorial expansion defines a people. Natural disasters impact a nation and shape its character. The use and depletion of natural resources cause people to change their habits.

Revolutions—the sudden and complete overthrow of an existing social or political

Sección 1 – El Cambio Social

El cambio social ocurre cuando muchos miembros de la sociedad adoptan nuevas conductas. Los nuevos cambios deben ser a largo plazo y deben tener las consecuencias importantes.

El cambio social ocurre a través de varias generaciones. La historia de una sociedad influye la manera en que los cambios futuros pasan. El descubrimiento, la invención, y la difusión son procesos sociales que causan el cambio.

En el proceso de descubrimiento, algo es conocido o interpretado de nuevo. Las personas pueden descubrir nuevas cosas de que ellos no sabían, o ellos pueden encontrar nuevos significados y usos para las cosas comunes.

En el proceso de invención, se crean las nuevas cosas de cosas que ya existen. Cuando una sociedad tiene los artículos complejos, puede inventar más rápidamente otras cosas.

La difusión ocurre cuando una sociedad adopta algo de otra sociedad o de otra cultura. Cuando las culturas tienen mucho contacto social, es más probable que sus miembros vayan a intercambiar las ideas, las creencias, y los valores.

La tecnología incluye el conocimiento y las herramientas. En una sociedad con las nuevas tecnologías ciertamente va a suceder cambios. La tecnología industrial, médica, y de computación creó los cambios enormes en las sociedades del mundo.

Los cambios de la población crean el cambio en la sociedad. Las poblaciones demanda servicios de una sociedad, promulga la legislación, produce los productos, y necesita los servicios de médicos.

La naturaleza también lleva a cabo el cambio. La expansión territorial define a un pueblo. Los catástrofes naturales impactan una

order—lead to social change. Although changes come quickly, the society often returns to a system that looks much like its old one, but with new leaders.

Wars bring cultures into contact with each other. This leads to diffusion, invention, and discovery.

Section 2 – Theoretical Perspectives

The functionalist perspective concentrates upon the idea of equilibrium. Functionalists state that society is stable, but that it occasionally experiences periods of instability. The society makes adjustments in order to restore stability and it returns to a state of equilibrium.

The conflict perspective describes society as very unstable. Social change occurs because groups struggle for power, for influence, for recognition, and for control of resources.

The symbolic interactionists state that humans interact on the basis of commonly shared symbols. If societies and their members do not share the meanings behind the symbols, social interaction weakens.

When society changed from an agricultural to an industrial economy, a new way of life—urbanism—grew. In agricultural communities, all members shared common meanings. In urbanized settings, people interacted with strangers. Some sociologists believe that these new groups share common meanings. They say that industrial societies have diverse societies within them.

Section 3 – Collective Behavior

Collective behavior describes how people behave when they are united by circumstances or by a temporary goal. The participants influence the behavior of others. Dispersed collectivity occurs when people are not in direct contact. They communicate through other means.

Rumors are stories that many people hear. They are rarely true. Rumors describe outrageous behavior, stories of crimes, or tales of unethical activities. Rumors touch people's fears and insecurities.

Urban legends are a type of rumor that tells about what happened to some ordinary person. They happen in the modern day but are

nación y forman su carácter. El uso y agotamiento de los recursos naturales exigen que la gente cambie sus hábitos.

Las revoluciones—el derrocamiento súbito y completo de un orden social o político que ya existe—llevan el cambio social. Aunque los cambios vienen rápidamente, la sociedad a menudo devuelve a un sistema que refleja el viejo, sino con los nuevos líderes.

Los miembros de culturas aprenden mucho acerca de otras culturas por medio de las guerras. Esto lleva a la difusión, la invención, y el descubrimiento.

Sección 2 – Las Perspectivas Teóricas

La perspectiva funcionalista se concentra en la idea del equilibrio. Los funcionalistas dicen que la sociedad es estable, pero que tiene períodos de inestabilidad de vez en cuando. La sociedad tiene que adaptarse para restaurar la estabilidad y devuelve a un estado de equilibrio.

La perspectiva de conflicto describe la inestabilidad de la sociedad. El cambio social ocurre porque los grupos luchan para sacar el poder, la influencia, el reconocimiento, y el control de recursos.

Los simbólico interaccionistas declaran que los seres humanos interactúan en base a los símbolos compartidos. Si las sociedades y sus miembros no comparten los mismos significados tocante a los símbolos, la interacción social debilita.

Cuando la sociedad cambió de una economía agrícola en una economía industrial, un nuevo estilo de vida—el urbanismo—creció. En las comunidades agrícolas, todos los miembros compartieron los significados comunes. En las escenas urbanizadas, las personas interactuaron con las personas desconocidas. Sin embargo, algunos sociólogos creen que estos nuevos grupos sí comparten los significados comunes. Ellos dicen que las sociedades industriales tienen las sociedades diversas dentro de ellos.

Sección 3 – La Conducta Colectiva

La conducta colectiva describe la manera en que las personas se comportan cuando ellos están unidos por las circunstancias o por una meta temporaria. Los participantes influyen la conducta de otros. La colectividad dispersada

not true stories. They are far-fetched stories that warn us about what happened to someone who acted in a way that we, ourselves, might act. Urban legends also feed on our fears and insecurities.

Fads are unusual behavior patterns that spread quickly and disappear quickly. Fashions are more generally accepted behavior, dress, or language patterns that change over time. Clothing, slang, and car styles are examples of fashions.

Panic is the fearful, anxious response to a real threat. People panic during a fire or an accident. Mass hysteria occurs when people react with fear and anxiety to a set of false beliefs or untrue circumstances. Stories, rumors, and ignorance can incite hysteria.

A crowd is a temporary collection of people who share a common interest. People in a crowd are interested in something that is happening or in something that they believe is about to happen.

A casual crowd will gather to view an event—after a car crash, for example.

A conventional crowd gathers for a specific purpose—to watch a movie or to travel by airplane.

An expressive crowd gathers to unleash emotion. The members are yelling, laughing, or jumping about. Times Square contains an expressive crowd on New Year's Eve.

Acting crowds engage in aggressive behavior towards some object or persons. Political demonstrators, and crazed football fans are acting crowds.

Mobs and rioters are acting crowds engaged in destruction. People in a mob are focused on one goal. People in a mob are forced to conform to the mob's goal. When people in a destructive crowd are without a goal or common purpose, a riot occurs. Mobs direct their anger at a specific target. Rioters destroy any target within reach.

Contagion theory explains the spread of emotion through a crowd. People lose their individual identity and become part of the crowd. A charismatic leader can easily control this crowd.

Emergent norm theory explains that much crowd behavior is rational; not emotional. The norms of the group emerge as the group gathers

ocurre cuando las personas no tienen el contacto directo. Comunican por otros medios.

Los rumores son las historias que muchas personas oyen. Son raramente verdaderas. Los rumores describen conducta ultrajante, historias de crímenes, o cuentos de actividades inmorales. Los rumores tocan los miedos y las inseguridades de la gente.

Las leyendas urbanas son un tipo de rumor que describen lo que pasó a una persona ordinaria. Tienen lugar en el día actual pero no son verdaderas historias. Son historias improbables que nos advierten sobre lo que pasó a alguien que actuó en cierta manera—una manera en que nosotros-mismos, podríamos actuar. Las leyendas urbanas también tocan nuestros miedos e inseguridades.

Las novedades son la conducta rara que vienen y salen con mucha rapidez. Las modas que cambian con el paso de tiempo – la conducta, la ropa, o el idioma – se aceptan más generalmente. La ropa, la jerga, y los estilos del automóviles son ejemplos de modas.

El pánico es la respuesta temerosa y ansiosa a una amenaza real. Mucha gente reacciona con pánico durante un fuego o un accidente. La histeria masiva ocurre cuando las personas reaccionan con el miedo y la ansiedad a un juego de creencias falsas o a las circunstancias falsas. Las historias, los rumores, y la ignorancia pueden incitar la histeria.

Una muchedumbre es una colección temporaria de personas que comparten un interés común. Las personas en una muchedumbre están interesadas en algo que está pasando o en algo que ellos creen está a punto de pasar.

Una muchedumbre casual recogerá para ver un evento—después de un choque entre carros, por ejemplo.

Una muchedumbre convencional recoge para un propósito específico—para mirar una película o para viajar en avión.

Una muchedumbre expresiva recoge para liberar la emoción. Los miembros están gritando, están riendo, o están saltando. La Nochevieja, hay una muchedumbre expresiva en Times Square.

Las muchedumbres de acto hostil comprometen la conducta agresiva hacia algún objeto o hacia algunas personas. Los

and begins to interact. The people act differently although they share the group norm.

Convergence theory explains that some crowds form when people choose to gather with other people whom they know to be like-minded. Demonstrators plan to gather; they are united by a common interest and share values, attitudes and beliefs.

Section 4 – Social Movements

The features of social movements are: (1) they include a large number of people; (2) they have a common goal to promote or prevent social change; (3) they have a structured organization and leaders; and (4) they remain organized over a long period of time.

A revolutionary movement tries to change a society entirely. The American Revolution and the Chinese Communist Revolution are examples.

A reformative movement tries to make limited changes in a society. The anti-war movement is an example.

A redemptive movement tries to change people completely. Religious cults are examples.

An alternative movement tries to make limited changes in people. Groups that try to change an individual belief or habit in people are examples.

The value-added theory of social mobilization states that each of six conditions must occur for the social movement to happen. There must be an atmosphere of change, there must be strains and conflicts in the society, there must be a set of general beliefs shared by a recognizable group, some event must occur that pushes the group toward action, the participants must mobilize, and society's social controls (police, media, courts) must either prevent or aid the movement.

The resource mobilization theory focuses on the process that members of a movement use to secure and use the resources they need in order to advance their cause. Financial support, leadership, and equipment are all elements of resource mobilization.

demostradores políticos, y los agresivos entusiastas de fútbol son muchedumbres de acto hostil.

Las chusmas y los alborotadores son muchedumbres de acto hostil que comprometen la destrucción arbitraria. Las personas en una chusma enfocan en una meta. Es obligatorio que las personas en una chusma conformen a la meta de la chusma. Cuando las personas en una muchedumbre destructiva no tienen ninguna meta ni ningún propósito común, un alboroto ocurre. Las chusmas dirigen su enojo a un blanco (objetivo) específico. Los alborotadores destruyen cualquier cosa que está dentro de su alcance.

La teoría de contagio explica la expansión de emoción a través de una muchedumbre. Las personas pierden su identidad individual y se vuelven de la muchedumbre. Un líder carismático puede fácilmente controlar esta muchedumbre.

La teoría de la aparencia de normas explica que la conducta de la muchedumbre es racional; no emocional. Las normas del grupo surgen cuando grupo reune y empieza a interactuar. Las personas actúan diferentemente aunque ellos comparten la norma de grupo.

La teoría de convergencia explica que algunas muchedumbres forman cuando las personas escogen reunir con otras personas con sus mismas ideas y creencias. Los demostradores planean recoger; ellos están unidos por un interés común y ellos tienen los mismos valores, actitudes, y creencias.

Sección 4 – Los Movimientos Sociales

Los rasgos de los movimientos sociales son: (1) incluyen un número grande de personas; (2) tienen una meta común para promover o prevenir el cambio social; (3) tienen una organización estructurada y líderes; y (4) permanecen organizados desde hace mucho tiempo.

Un movimiento revolucionario intenta cambiar completamente una sociedad. La Revolución Americana y la Revolución Comunista en China son dos ejemplos.

Un movimiento reformativo intenta hacer cambios limitados en una sociedad. El movimiento antibélico (contra la guerra) es un ejemplo.

Un movimiento redentor intenta cambiar completamente a las personas. Los cultos religiosos son ejemplos.

Un movimiento alternativo intenta hacer los cambios limitados en las personas. Grupos que intentan cambiar una creencia o un hábito individual en las personas son ejemplos.

La teoría de valor agregado de la movilización social consiste en seis condiciones que deben ocurrir para tener lugar el movimiento social. Debe haber una atmósfera de cambio, debe haber tensiones y conflictos en la sociedad, debe haber un juego de creencias generales que un grupo reconocible comparte, algún evento debe ocurrir que empuja el grupo hacia acción, los participantes deben movilizar, y las autoridades de la sociedad (la policía, los medios de comunicación, las cortes) deben prevenir o deben ayudar el movimiento.

La teoría de movilización de recursos enfoca en el proceso que los miembros de un movimiento emplean para recoger y para usar los recursos ellos necesitan para adelantar su causa. El apoyo financiero, la dirección, y el equipo son los elementos del movilización de recursos.

Capítulo 17   PRÁCTICA DE VOCABULARIO

Indicaciones: Si encuentra alguna oración falsa, reemplace las palabras subrayadas con una que la haga verdadera. Algunas de estas oraciones son verdaderas y pueden dejarse igual. Debe escribir todas sus respuestas en inglés.

1. La <u>Teoría de convergencia</u> ocurre cuando un grupo toma prestada una costumbre, valor, forma de vestir, comida, etc. de otra.

   _____

2. Una <u>moda</u> es un comportamiento disperso que se espera sea de corta duración.

   _____

3. El proceso de <u>difusión</u> significa comprender y reinterpretar algo de tal manera que origine un cambio.

   _____

4. Una multitud desordenada, exaltada, y deseosa de comportarse destructivamente para alcanzar sus propósitos es <u>una multitud casual</u>.

   _____

5. <u>La Tecnología</u> se vale del conocimiento y del hardware para lograr una meta práctica.

   _____

6. Cuando muchos miembros de una sociedad adoptan nuevos comportamientos, se ha producido un <u>cambio social</u>.

   _____

7. En el proceso de <u>invención</u>, se crea algo nuevo partiendo de hechos y procesos existentes.

   _____

8. Cuando una multitud recurre, ocasionalmente, a la destrucción y a la violencia, ha surgido una <u>novedad</u>.

   _____

• by The McGraw-Hill Companies •

9. El objetivo de un <u>movimiento alternativo</u> es cambiar completamente una sociedad.

_____

10. El <u>comportamiento colectivo</u> es todo comportamiento no planeado de personas que responden a un estímulo.

_____

11. Un <u>rumor</u> es una historia, verdadera o no, que ha sido divulgada entre las personas.

_____

12. Cuando surge una <u>novedad</u> se esparce rápidamente pero sólo dura poco tiempo.

_____

13. Existen tres tipos básicos de <u>colectividades</u> que pueden conducir a cambios significativos.

_____

14. El objetivo de un <u>movimiento redencional</u> consiste en cambiar un aspecto específico de la sociedad.

_____

15. La <u>teoría de la movilización del recurso</u> afirma que se deben cumplir ciertos requisitos para que se originen movimientos sociales.

_____

SPANISH SUPPLEMENT   **216**

Capítulo 17

PRÁCTICA DE REPASO

Verdadero o Falso: Decida si la oración es verdadera o falsa y escriba en los espacios en blanco T o F según sea el caso. Vuelva a escribir las oraciones falsas para que sean verdaderas. Debe escribir todas las respuestas en inglés.

_____ 1. Un ejemplo de rumor sería una historia que está divulgándose donde se dice que la bolsa de valores caerá el próxima martes.

_____ 2. Un cambio social sólo se produce después de que la gran mayoría de los miembros de una sociedad haya adoptado un nuevo comportamiento.

_____ 3. Una característica importante de una novedad es que sólo dura poco tiempo.

_____ 4. Una diferencia fundamental entre las turbas y los motines es que el sentido de éstos es un propósito común, mientras que las turbas no.

_____ 5. Un grupo en contra del aborto protestando en las afueras de una clínica donde practican abortos es un ejemplo de una multitud en acción.

Alternativas múltiples: Escriba en los espacios en blanco la letra de la respuesta correcta. Debe escribir todas las respuestas en inglés.

_____ 6. Han habido ocasiones en que algunas empresas se han mudado a edificios nuevos y los trabajadores se han convencido de que el edificio los enferma, dando origen a dolores de cabeza, nausea, vómitos e incluso desmayos, y en donde como resultado se llamó a los paramédicos. Como era de esperarse, no encontraron causas físicas para estos síntomas. Estos síntomas son más el resultado de
   a) pánico.
   b) multitudes en acción.
   c) histeria colectiva.
   d) teoría del contagio.

_____ 7. ¿Cómo explica la teoría del contagio el comportamiento en multitud?
   a) Dice que la emoción se esparce en toda una multitud tanto como una enfermedad se esparce entre la gente.
   b) Dice que hoy en día el comportamiento en multitud es muy racional y que está basado en normas emergentes.
   c) Debido a que los miembros de una multitud están presentes por diversas razones, no todos se comportan de la misma manera.
   d) Las personas se reúnen en una multitud porque han compartido valores, creencias y actitudes.

• Copyright © by The McGraw-Hill Companies • • • • • •

_____ 8. Cuando un grupo grande se reúne en el aeropuerto local para ver llegar al presidente de los Estados Unidos, alentando, con pancartas y tratando de estrechar su mano, es una multitud
   a) dispersa.
   b) en acción.
   c) expresiva.
   d) convencional.

_____ 9. Según la teoría del valor agregado de los movimientos sociales, ¿cuál de las siguientes alternativas no es un requisito indispensable para que se origine un movimiento social?
   a) El medio ambiente debe ser conductivo para los movimientos sociales.
   b) Las autoridades deben actuar enérgica y eficazmente para detener al movimiento.
   c) Debe existir algún tipo de conflicto, ambigüedad o discrepancia dentro de la sociedad.
   d) Debe existir una aceptación general de que existe un problema.

Respuestas cortas: Responda las siguientes preguntas con una o dos oraciones completas. Debe escribir todas las respuestas en inglés.

10. ¿Qué influencias positivas y negativas ha tenido la invención del automóvil en la sociedad estadounidense?

_____

_____

_____

_____

11. Dar un ejemplo de una multitud expresiva de la cual haya formado parte. ¿Qué tipos de comportamiento tenía?

_____

_____

_____

_____

12. ¿En qué se diferencia un movimiento alternativo de un movimiento redencional? Dar un ejemplo de cada tipo de movimiento.

_____

_____

_____

_____

CHAPTER 1

Learning Goals Outline

1. Questioning and researching common sense beliefs puts you in a better position to make decisions or judgments because your decisions will be based on reality rather than on socially-accepted beliefs.

2. The scientific study of social structure, sociology examines human social behavior.

3. The sociological perspective never focuses on the individual, as the psychological perspective may. Rather, sociologists focus on the patterns of behavior shared by members of a group or society. They attempt to explain events without relying on personal factors, looking for social rather than personal explanations for different types of human behavior.

4. Though personal characteristics may vary among group members, the relations, or patterned interactions, between people indicate social structure.

5. Durkheim argued that we don't try to explain bronze in terms of its parts—lead, copper, and tin. We consider bronze a completely new metal, with unique qualities and behaviors, though it is created by the combination of other metals. He then reasoned that a similar process could happen within groups of people.

6. The sociological imagination allows you to question common interpretations of human social behavior. The social awareness you gain puts you in a better position to make your own decisions, rather than just conform.

7. Auguste Comte, whose main concern was the improvement of society, believed that in order for societies to advance, social behavior had to be studied scientifically. Because no science of society existed, Comte created one and called it *sociology*. His belief that sociology could use scientific procedures and promote social progress was widely adopted by other European scholars.

8. Social statics is the study of social stability and order, while social dynamics is the study of social change.

9. Martineau is best known for her translation of Comte's book, *Positive Philosophy*, but also made original contributions in the areas of research methods, political economy, and feminist theory.

10. Spencer said that, like a body, a society is composed of parts working together to promote its well-being and survival. Just as each part makes an essential contribution to the functioning of the human body, certain parts or groups of a society are crucial to that society's functioning.

11. Herbert Spencer thought that evolutionary social change led to progress—provided that people did not interfere. So, if left alone, natural social selection would ensure the survival of the fittest society.

12. Marx felt great concern about the poverty and inequality of the working class, and he thought that social scientists should try to change the world rather than merely study it. He identified social classes in nineteenth-century industrial society and then predicted that at some point all industrial societies would contain only two social classes. Parts of his writings later became a basis for communism.

13. In preindustrial times, societies were based on mechanical solidarity, in which there is broad consensus of values and beliefs, strong social pressures for conformity, and dependence on tradition and family. In contrast, industrial societies are based on organic solidarity, which is social interdependency based on a web of highly specialized roles that make members of a society dependent on each other for goods and services.

14. Durkheim showed that human social behavior must be explained by social factors rather than psychological ones.

15. Weber stressed objectivity and pioneered research techniques that helped prevent personal biases from affecting the results of sociological investigations.

16. In 1892, the first department of sociology was established at the University of Chicago. After World War II, sociology departments at American universities emerged as leaders. Sociology has become a science largely through the efforts of American sociologists, and the majority of all sociologists are American. Writings in English are used by sociologists throughout the world, reflecting the global influence of American sociologists.

17. Jane Addams and W.E.B. DuBois were not researchers or scientists, but both were greatly concerned with social problems in America. Addams focused on the problems caused by the imbalance of power among the social classes. She co-founded Hull-House in Chicago's slums, for people who needed refuge, and was active in the women's suffrage and peace movements. DuBois scientifically studied the sophisticated social structure of black communities, documenting the experience and contributions of African people throughout the world.

18. Functionalism views society as an integrated whole. Conflict theory looks at class struggles. Symbolic interactionism examines how groups interact using shared symbols.
19. According to Merton, manifest functions are intended and recognized, and latent functions are unintended and unrecognized.
20. There is no "best" perspective. Each perspective highlights certain areas of social life. The advantages of one perspective are the disadvantages of the others.

Vocabulary Quiz

1. structure
2. perspective
3. positivism
4. sociology
5. latent
6. manifest
7. imagination
8. statics
9. Darwinism
10. bourgeoisie
11. proletariat
12. mechanical
13. organic
14. verstehen
15. power
16. dysfunction
17. functionalism
18. conflict
19. symbol
20. interactionism
21. dramaturgy

Review Quiz

True or False

1. T
2. T
3. T
4. T

Multiple Choice

5. a
6. c
7. a
8. b
9. d
10. b

Short Answer

11. There was a widespread consensus of values and beliefs, strong social pressures for conformity, and dependence on tradition and family. Answers to last two questions will vary. Advantages are that there is stability; traditions are maintained. Disadvantages

are that there is rigidity; conformity is important; change is difficult and slow.
12. No. It can't be determined that the drop in income is related to the factory's closing. There could be other factors.

CHAPTER 2

Learning Goals Outline

1. The goal of sociological research is to test common sense assumptions and replace false ideas with facts and evidence.
2. Unlike chemists, biologists, or physicists, sociologists are very limited in their ability to set up laboratory experiments to replicate real-life conditions, and even if they could, the ethical issues involved in manipulating people and controlling events would prevent most sociologists from pursuing this kind of research.
3. Quantitative research is research that uses numerical data.
4. Quantitative research tools include surveys and precollected data. In a survey (an ideal method for studying large numbers of people), a representative sample of people answer a series of questions. Information is obtained through either a questionnaire or an interview. About 90 percent of the research published in major sociological journals is based on surveys.

   Using precollected information (that is, information someone else has already gathered) is called secondary analysis. Types of precollected data include government reports, company records, voting lists, prison records, and reports of research done by other social scientists.
5. Qualitative research rests on narrative and descriptive data. Field research, which encompasses most methods of qualitative research, looks closely at aspects of social life that cannot be measured quantitatively and that are best understood within a natural setting. The approach used most often is the case study, a thorough investigation of a single group, incident, or community. This method assumes that the findings in one case can be generalized to similar situations. In participant observation, a researcher becomes a member of the group being studied, with or without informing its members that he or she is a sociologist.
6. The concept of multiple causation, which states that an event occurs as a result of several factors working in combination. Social events are generally too complex to be explained by any single factor.
7. A variable is a characteristic that is subject to change. Variables can be quantitative (measured

and given a numerical value) or qualitative (identified by membership in a category), and independent (causing something to occur) or dependent (resulting from the change in the independent variable).

8. A correlation is a measure of how things are related to one another. A positive correlation exists if both the independent variable and the dependent variable change in the same direction. In a negative correlation, the variables change in opposite directions.

9. The existence of a correlation does not necessarily mean that a cause-and-effect relationship exists because both independent and dependent variables can be controlled by other factors.

10. For a correlation to exist, two things must simply be related to one another. In order to find causation, one variable must actually cause the other to occur.

11. Standard 1 – Two variables must be correlated.
Standard 2 – All other possible factors must be taken into account.
Standard 3 – A change in the independent variable must occur before a change in the dependent variable can occur.

12. The scientific method is a research model used by scientists. It consists of seven steps: identifying the problem, reviewing the literature, formulating hypotheses, developing a research design, collecting data, analyzing data, and stating findings and conclusions.

13. Some sociologists believe the scientific method is too rigid to use at all. Those who do use the model usually don't follow it mechanically.

14. The Code of Ethics is concerned with getting the greatest possible benefit with the least possible harm.

15. According to the ASA, conducting ethical research means showing objectivity; using superior research standards; reporting findings and methods truthfully; and protecting the rights, privacy, integrity, dignity, and freedom of research subjects.

Vocabulary Quiz

1. questionnaire
2. sample
3. dependent variable
4. secondary analysis
5. field research
6. case study
7. interview
8. causation
9. population
10. quantitative variable
11. qualitative variable
12. independent variable
13. survey
14. closed-ended question

ANSWER: representative

Review Quiz

True or False

1. F. Answers to open-ended questions are more likely to reveal a wide variety of attitudes than answers to closed-ended questions.
2. F. Studying hard usually has a positive correlation with doing well on a test.
3. T
4. T
5. T

Multiple Choice

6. d
7. a
8. b
9. a

Short Answer

10. Because qualitative data cannot be reduced to numerical values that can be analyzed.
11. A representative sample accurately reflects the characteristics of the population as a whole. If the sample is not representative, the results of the research may be inaccurate.
12. Answers will vary. Answers might include that following the code will lead to more accurate research results and will result in the proper treatment of subjects (for example, by respecting their privacy and dignity).

CHAPTER 3

Learning Goals Outline

1. Most behavior among animals is instinctual, whereas most human behavior is learned.
2. Culture serves as a guide for human social behavior, including actions, beliefs, values, and relationships with others.
3. About half of our personality traits are determined by genetics. We are also born with certain reflexes (automatic physical reactions) and drives (impulses). However, innate personality traits, reflexes, and drives do not control human social behavior. Culture directs how these biological characteristics are expressed.
4. Humans use symbols to create language, which can then be used to create and transmit culture.
5. The essential components of culture are norms, values, beliefs, and the use of material objects.
6. Cultural diversity results from social categories (groupings of persons who share a social characteristic); subcultures (groups that are part of the dominant culture yet different in significant ways); and countercultures (subcultures that are intentionally opposed to the dominant culture).

7. Ethnocentrism helps people feel good about themselves and about others in their group. Stability is promoted because traditions and behaviors are highly valued. Extreme ethnocentrism, however, can prevent change for the better. If a society is too rigid, it becomes inflexible.

8. Researchers have identified more than seventy cultural universals, which are traits that exist in all cultures. They include, for example, sports, cooking, courtship, division of labor, education, etiquette, funeral rites, family, government, housing, joking, language, medicine, marriage, music, religion, and tool making.

9. If humans were controlled by instincts alone, they would all behave in the same way with respect to those instincts. Instead, humans are forced to create and learn ways of thinking, feeling, and behaving. Even to meet basic needs, humans rely on the culture they have created.

10. Sociobiologists assume that the behaviors that best help people are biologically based and transmitted in the genetic code.

11. When something is important to a culture, its language will have many words to describe it. When something is unimportant to a culture, it may not have even one word to describe it.

12. Exposure to a new language or to new words can expand a person's outlook.

13. Once norms are learned, members of a society use them to guide their social behavior. Norms are so ingrained that they guide our behavior without our awareness.

14. Answers will vary. "A knowledge of one other culture should sharpen our ability to scrutinize more steadily, to appreciate more lovingly, our own."—Margaret Mead, 1901–1978

15. Folkways are norms that lack moral significance; conformity is generally a matter of personal choice. Mores are norms that have great moral significance; conformity is a social requirement. Laws are norms that are formally defined; conformity is a social requirement. Laws are norms that are formally defined; conformity is enforced by officials.

16. Groups teach norms and encourage conformity through the use of formal and informal sanctions (rewards and punishments). As we grow older, most of us conform without the threat of sanctions.

17. Values have a tremendous influence on human social behavior because they form the basis for norms. Values are also important because they are so general that they are involved in most aspects of daily life.

18. Ideal culture refers to the guidelines we publicly claim to accept, while real culture refers to how we actually behave.

19. The meanings of tangible objects (material culture) are based on the beliefs, ideas, and knowledge (nonmaterial culture) that people hold regarding them.

20. There is less emphasis on group superiority, as evidenced by the decline of openly racist attitudes and behaviors. Also, many Americans now work as hard at their leisure activities as they do at their jobs.

Vocabulary Quiz

1. sociobiology
2. cultural universal
3. subculture
4. more
5. taboo
6. ethnocentrism
7. symbol
8. value
9. sanction
10. society
11. law
12. reflex
13. belief
14. drive
15. culture

Review Quiz

True or False

1. F. Both formal sanctions and informal sanctions can be either positive or negative.
2. T
3. F. The members of a particular society live in a defined territory and share certain specific values and customs.
4. T
5. T

Multiple Choice

6. d
7. c
8. b
9. a
10. d

Short Answer

11. Answers will vary. People would not know how to act in different situations and there would be little order.
12. Answers will vary but might include caring for children; sports; cooking; courtship; division of labor; education; etiquette; family; government; hospitality; housing; inheritance rules; and religious, marriage, and funeral rituals.

CHAPTER 4

Learning Goals Outline

1. Socialization is the cultural process of learning to participate in group life.

2. Socialization begins at birth and continues throughout life. Socialization is vital for emotional and social growth. Successful socialization enables people to fit into all kinds of social groups. It must occur if people are to adjust to new situations. Without prolonged and intensive social contacts, children do not learn such basics as walking, talking, and loving. Socialization allows us to develop the set of attitudes, beliefs, values, and behaviors associated with being an individual.

3. In extreme cases of isolation, children have been found without the ability to talk or walk and showing no signs of intelligence. Physically, they may be developmentally delayed or malformed. In the most extreme example cited in the text, the child displayed subhuman behavior. She had no ability to communicate, eat solid food, stand alone, or straighten her arms. Her social behavior was primitive. Her full development as a human being was prevented—by isolation, abuse, and lack of human warmth.

4. The three major theoretical perspectives on socialization are functionalist, conflict, and symbolic interactionism.

5. Functionalism stresses the ways in which groups work together to create a stable society. Societal groups (e.g., families, schools) socialize children by teaching them basic norms, beliefs, and values.

6. The conflict perspective views socialization as a way of perpetuating the stratification status quo. In other words, socialization maintains the social, political, and economic advantages of the higher social classes.

7. Charles Horton Cooley and George Herbert Mead developed the symbolic interactionist perspective. They challenged the belief that human nature is biologically determined and stated that human nature is a product of society.

8. The key concepts of symbolic interactionism include the self-concept, the looking-glass self, significant others, role taking, and the generalized other.

9. Your self-concept is your image of yourself as a being separate from other people. Cooley, while watching his own children at play, realized that they interpret how others react to them in many ways. From these insights, he theorized, children learn to judge themselves in terms of how they imagine others will react to them.

10. We use other people as mirrors to reflect back what we imagine they think of us. The result of this unconscious process is a positive or negative self-evaluation. Because the looking glass comes from our imagination, it may be distorted. Even though the mirror may not actually reflect others' opinions of us, the consequences to us are just as real as if it did.

11. The people whose judgments are most important to our self-concepts are our significant others. We rely more often and most heavily on those people as mirrors.

12. Role taking allows us to see ourselves through the eyes of someone else, while the looking-glass process involves our own imagination of the perceptions and opinions of others.

13. During the game stage, a generalized other—an integrated conception of the norms, values, and beliefs of one's community or society—emerges to take the place of significant others.

14. A child's first exposure to the world occurs within the family. The child learns to think and speak; internalize norms, beliefs, and values; form some basic attitudes; develop a capacity for intimate and personal relationships; and acquire a self-image.

    The socialization process in school involves not just the formal goals of education but the hidden curriculum—the informal and unofficial aspects of culture that children are taught in preparation for life. In school, children learn discipline, order, cooperation, and conformity, and they gain an appreciation for time.

    Peer groups give children experience in self-direction, independence from adults, and an opportunity to develop the social flexibility needed in a mobile, rapidly changing society.

    The mass media display role models for children to imitate, helping to integrate them into society. It also offers ideas about values, providing images of achievement and success, activity and work, equality and democracy.

15. The four processes associated with socialization in adults are desocialization, resocialization, anticipatory socialization, and reference groups.

16. Answers will vary. Desocialization is accomplished in many ways. For example, replacing personal possessions with standard-issue items promotes sameness by depriving people of the personal effects they have previously used to present themselves as unique individuals.

17. Anticipatory socialization—the process of preparing in advance for new norms, values, attitudes, and behaviors—does not generally occur in prisons or mental hospitals because it involves voluntary change. People who want to make a change will willingly abandon norms, values, attitudes, and behaviors learned previously in order to prepare for the resocialization they seek.

Vocabulary Quiz

1. False—socialization
2. False—self-concept
3. True
4. True
5. False—imitation stage
6. False—play stage
7. True
8. False—total institution
9. True
10. True
11. True
12. False—reference group
13. False—desocializing

Review Quiz

True or False

1. F. Socialization begins at birth and continues through adulthood.
2. T
3. T
4. T
5. F. Peer groups help children develop the social flexibility needed in a mobile, rapidly changing society.

Multiple Choice

6. c
7. a
8. c
9. d

Short Answer

10. Answers will vary. Examples of the "me" would be studying hard to obtain good grades and following parental rules. The "I" part might come out when a teenager rebels against parental rules and throws a temper tantrum or acts silly at a party.
11. Answers will vary. Children need to know that others, especially adults, care about them. They need to be held, to have people respect their feelings, and to feel important. Without this socialization, institutionalized children could be developmentally delayed, both mentally and physically. As adults, they could be distressed, apathetic, withdrawn, or hostile (like Harlow's monkeys).
12. Answers will vary. Advantages are that people who cannot make it to campus can still attend classes and be exposed to world-renown experts. One disadvantage is that interaction is more difficult and, in fact, may be quite limited.

CHAPTER 5

Learning Goals Outline

1. In our minds we carry a "social map" for various group situations. When we enter a new group, we bring knowledge of how people normally relate to one another. This underlying pattern of relationships in a group is called social structure.
2. An ascribed status is neither earned nor chosen; it is assigned to us. An achieved status, on the other hand, is either earned or chosen. Achieving status is possible when people have some degree of control and choice.
3. A status is a position a person occupies within a social structure, while a role is an expected behavior associated with a particular status. (Examples will vary.) For example, a person's status might be that of teacher. The roles of that teacher include being prepared to teach assigned classes, providing sponsorship for an after-school club, and coaching an athletic or academic team for competition.
4. Rights are behaviors that individuals expect from others. Obligations are behaviors that individuals are expected to perform toward others. The rights of one status correspond to the obligations of another. (Examples will vary.) For example, teachers have an obligation to be prepared to teach class; correspondingly, students have a right to expect teachers to be prepared to explain the material.
5. Statuses and roles provide the basis for group life. It is primarily when people interact with each other socially that they perform in the roles attached to their statuses.
6. Role conflict exists when the performance of a role in one status clashes with the performance of a role in another status. Role strain occurs when a person has trouble meeting incompatible roles connected with single status. (Examples will vary.) For example, role conflict occurs when a man who is a teacher and a father is expected to attend Back-to-School Night at both the school where he is a teacher and the school where his children are students. Role strain occurs when that same man is expected to provide tutoring after school for students in his classes who need extra help and is also expected to sponsor an after-school club.
7. A society is composed of people living within defined territorial borders who share a common culture. Societies meet their members' basic needs for food, shelter, etc.
8. Hunting and gathering societies survive by hunting animals and gathering edible foods such as wild fruits and vegetables. They are usually nomadic, moving from place to place as the food supply and seasons change. These societies tend to be small— usually fewer than fifty people. They have few

material goods. The family is the only institution. There are no social classes. Division of labor is limited to the sex and age distinctions found in most families. There is more leisure time than in any other society.

9. Horticultural societies subsist primarily through the growing of plants. Gardening allows more permanent settlements, which permits the growth of larger societies with greater population densities. Possessing all the labor necessary for survival, households depend less on others outside the family unit.

10. In pastoral societies, food is obtained primarily by raising and taking care of animals. Since grains are needed to feed the animals, pastoralists must also either farm or trade with people who do. There is migration, but long-term or permanent villages can be maintained if herd animals are simply moved to different pastures as seasons change. Women generally remain at home, with low social status, while men take herds to the pastures. With a surplus food supply, some members of the community are freed to create a more complex division of labor. As nonedible goods are produced, an incentive to trade with other peoples emerges. Even a relatively small surplus permits the development of social inequality (though limited).

11. An agricultural society subsists by growing food, using plows and animals. The invention of the plow and the use of animals result in more productivity—more food per unit of land. As a result, more people are freed to engage in noneconomic endeavors, such as formal education, music, and politics. Cities are built, and new political, economic, and religious institutions emerge. Family ties remain important, but government replaces the family group as the guiding force. Distinct social classes emerge, and monetary systems begin to be used.

12. Industrial societies are dependent upon science and technology to produce basic goods and services. Intensive animal and human labor is replaced by power-driven machines (mechanization), which allow farmers to produce enough food to support themselves and many others. Surplus allows people to move from farms and villages to large cities. Urbanization is a basic feature of industrial societies. Blood relationships decline in importance as families begin to separate socially and physically due to urbanization. Social class is based more on occupational achievement than on the social class of one's parents. Women enter the work force and become less subordinate to their husbands.

13. Gemeinschaft (community), found in preindustrial society, is based on tradition, kinship, and intimate social relationships. Gesellschaft (society), representing industrial society, is characterized by weak family ties, competition, and less personal social relationships.

14. Durkheim made the distinction based on social solidarity. A society based on mechanical solidarity achieves social unity through a consensus of beliefs, values, and norms; strong social pressures for conformity; and dependence on family and tradition. A modern, industrial society, based on organic solidarity, achieves social unity through a complex of specialized statuses that make members of the society interdependent. The parts of a society based on organic solidarity must cooperate if the society is to survive.

15. In a postindustrial society, the economic emphasis is on providing services and information rather than on producing goods through basic manufacturing. The majority of the labor force is employed in services rather than in agriculture or manufacturing. White-collar employment replaces much blue-collar work. Technical knowledge is the key organizing feature, and technical change is planned and assessed. There is reliance on computer modeling in all areas. According to Fukuyama, social instability increases. Crime and social disorder rise; kinship as a social institution declines. Trust and confidence in institutions seem to decline sharply.

Vocabulary Quiz

1. c
2. e
3. f
4. b
5. g
6. k
7. j
8. m
9. a
10. h
11. n
12. i
13. d
14. l

Review Quiz

True or False

1. F. Ascribed statuses may or may not also be master statuses.
2. T
3. T
4. F. Industrial societies make heavy use of mechanization.
5. T

SPANISH SUPPLEMENT

Multiple Choice

6. c
7. a
8. a
9. d
10. d

Short Answer

11. Answers will vary. The student should explain why he or she considers the two chosen statuses to be master statuses.
12. Farmers produce more food than they need, enabling people to move away from farms. These people add to the growing population in large cities.

CHAPTER 6

Learning Goals Outline

1. A group is composed of people who share several features. They are in regular contact with one another. They share some ways of thinking, feeling, and behaving. They take one another's behavior into account. They have one or more interests or goals in common. A group is not the same as a social category (people who share a social characteristic such as gender or a social aggregate (people who happen to be in the same place at the same time), though some of their members may form groups.
2. A primary group is composed of people who are emotionally close, know one another well, and seek one another's company. They have a "we" feeling and enjoy being together. These groups are characterized by primary relationships that are intimate, personal, caring, and fulfilling.
3. Primary relationships occur more easily when interaction is face to face. People who can see each other and experience nonverbal communication are much more likely to develop close ties. Also, closeness rarely develops in a short period of time. Most of us require repeated, continuous contact for the development of a primary relationship.
4. Primary groups serve three important functions in society: they provide emotional support, promote adult socialization, and encourage conformity to appropriate norms and values.
5. A secondary group is impersonal and goal oriented. It involves only a segment of its members' lives. Secondary groups exist to accomplish a specific purpose. Members of secondary groups interact in ways involving only limited parts of their personalities.
6. An in-group is an exclusive group that requires extreme loyalty from its members. The in-group competes with and is hostile to the out-group. The out-group is a group targeted by in-group members

for opposition, antagonism, and competition. Based on membership in these groups, people divide into "we" and "they."

7. Networks can provide a sense of belonging. They can furnish support in the form of help and advice. Networks are also a useful tool for those entering the labor market. Getting to know people who can help you in your career is very important.
8. Robert Nisbet describes five types of social interaction basic to group life. Cooperation is a form of interaction in which individuals or groups combine their efforts to reach some goal. Conflict is interaction aimed at defeating an opponent or obtaining a larger share of the rewards. Social exchange is a type of interaction in which one person voluntarily does something for another, expecting a reward in return. Coercion is a social interaction in which people are made to behave in certain ways, usually through domination. Conformity is behavior that matches group expectations.
9. According to Georg Simmel, one of the major benefits of conflict is the promotion of cooperation and unity within opposing groups. Another positive effect of conflict is the attention it draws to social inequalities. Norms and values are reexamined when crises and conflicts erupt.
10. While both cooperation and social exchange involve working together, there is a significant difference between the two. In cooperation, individuals or groups work together to achieve a shared goal. Reaching this goal may or may not benefit those who are cooperating. In social exchange relationship, it is the benefit to be earned rather than the relationship itself that is the key. The basis of an exchange relationship is reciprocity, the idea that you should do for others as they have done for you.
11. A formal organization is deliberately created to achieve one or more long-term goals. Most formal organizations are also bureaucracies, based on rationality and efficiency. Informal organizations emerge within a formal organization. Informal groups are guided by norms, rituals, and sentiments that are not part of the formal organization. Based on common interests and personal relationships, informal groups are usually formed spontaneously.
12. Bureaucracies are based on rationality and efficiency, possessing certain characteristics not necessarily found in other organizations. There is a division of labor based on the principle of specialization, which allows individuals to become experts in a limited area. There is a hierarchy of authority; bureaucratic organizations are like pyramids, with the greatest amount of authority concentrated in the few positions at the top. There is a system of rules and procedures, which stabilizes the organization by coordinating activities and guiding most situations. There are written records

of work and activities, which are essential to smooth functioning, stability, and continuity. There is promotion on the basis of merit and qualifications. In brief, bureaucracy offers the advantages of steadiness, precision, continuity, speed, efficiency, and minimum cost.

13. Bureaucracies are popularly thought of as "monuments to inefficiency." People often complain about the rules, procedures, and impersonal treatment that characterize bureaucracies. Informal groups usually develop within bureaucracies to meet needs ignored by the formal organization.

14. Power refers to the ability to control the behavior of others, even against their will. Authority, though, is the exercise of legitimate power; people submit because they believe it is the right thing to do. If an organization's goals are to be achieved, power must be exercised.

15. According to the iron law of oligarchy, power increasingly tends to become more and more concentrated in the hands of fewer members of any organization. Even in organizations intended to be democratic, a few leaders eventually gain control, and other members become virtually powerless.

Vocabulary Quiz

1. primary group
2. conformity
3. cooperation
4. groupthink
5. formal organization
6. coercion
7. secondary group
8. social category
9. authority
10. rationalization
11. reference group
12. social network
13. in-group
14. bureaucracy
15. social aggregate

Review Quiz

True or False

1. F. Domination may or may not involve the use of physical force.
2. F. Conflict among group members can lead to a valuable reexamination of group beliefs.
3. T
4. T
5. F. People belong to more secondary groups today than they did when the United States was an agricultural society.

Multiple Choice

6. c
7. a
8. d
9. a
10. c

Short Answer

11. Answers will vary. The student should list three groups and three social categories.
12. Answers will vary. The student should state specific examples of the impact each group has on his or her life.
13. In cooperation, individuals work together to achieve a common goal which may or may not benefit them. In social exchange, an individual expects a reward in return for voluntarily doing something.

CHAPTER 7

Learning Goals Outline

1. Deviance refers to behavior that departs from societal or group norms. It can range from criminal behavior (recognized by almost all members of society as deviant) to wearing heavy makeup (considered deviant by some groups).
2. Because deviance is a matter of social definition, it can vary from group to group and society to society. In a diverse society like that of the United States, it is often difficult to agree on what is or is not deviant behavior.
3. Social control encompasses ways to promote conformity to norms, thereby promoting order, stability, and predictability in social life.
4. Internal social control lies within the individual. You are practicing internal social control when you do something because you know it is the right thing to do or when you don't do something because you know it would be wrong. External social control is based on social sanctions—rewards and punishments designed to encourage desired behavior. Positive sanctions are used to encourage conformity. Negative sanctions are intended to stop socially unacceptable behavior.
5. According to functionalists, deviance has both negative and positive consequences for society. Functionalists believe that some deviance can contribute to the smooth operation of society.
6. Deviance erodes trust; a society with widespread suspicion and distrust cannot function smoothly. Deviance, if not punished or corrected, can also cause nonconforming behavior in others; deviance stimulates more deviance. Deviance is expensive; it diverts resources, both human and monetary.

7. Durkheim observed that deviance clarifies norms; in defending its values by exercising social control, society defines, adjusts, and reaffirms norms. Deviance can be a temporary safety valve; relatively minor deviance may act to relieve pressure. Deviance increases unity within a society or group; when deviance reminds people of something they value, it strengthens their commitment to that value. Deviance promotes social change.

8. Strain theory states that deviance is more likely to occur when a gap exists between cultural goals and the ability to achieve those goals by legitimate means. People may accept the goals and the means to achieve them. Deviant responses, however, are possible.

   According to control theory, conformity to social norms requires the presence of strong bonds between individuals and society. If those bonds are weak, or are broken for some reason, deviance occurs. In this theory, people conform because they don't want to "lose face" with family members, friends, or classmates.

9. When the components of social bonds are strong, conformity to societal rules increases. These components are attachment to groups or individuals; commitment to social goals; involvement in approved social activities; and belief in the norms and values of society.

10. Differential association theory emphasizes the role of primary groups in transmitting deviance. There are three characteristics affecting differential association: The ratio of deviant to nondeviant individuals that a person knows, whether the deviant behavior is practiced by significant others, and the age of exposure.

    Labeling theory explains deviance as relative— that is, a question of who is breaking the norm. According to labeling theory, deviant behaviors are always a matter of social definition. From this point of view, deviance is not a quality of the act the person commits, but rather a consequence of the application by others of rules and sanctions to an "offender."

11. From the conflict perspective, deviance in industrial society is behavior that those in control see as threatening to their interests. The rich and powerful use their positions to determine which acts are deviant and how deviants should be punished. Supporters of this theory also believe that minorities receive unequal treatment in the American criminal justice system.

12. The statement refers to white-collar crime—any crime committed by respectable and high-status people in the course of their occupations. Officially, the term is used for economic crimes.

13. Juvenile delinquent behavior includes deviance that only the young can commit, such as failing to attend school, fighting in school, and drinking and smoking under age.

14. A criminal justice system may draw on four approaches to control and punish crimedoers:

    Deterrence uses the threat of punishment to discourage criminal actions. The basic idea of this approach is that punishment of convicted criminals will serve as an example to keep other people from committing crimes. Research indicates that the threat of punishment does deter crime if potential lawbreakers know that they are likely to get caught and that the punishment will be severe.

    Retribution is a type of punishment intended to make criminals pay compensation for their acts. It comes from the idea of "an eye for an eye and a tooth for a tooth." The law allows only designated officials to exact retribution.

    Incarceration means keeping criminals in prison. The basic idea is that criminals who are not on the street cannot commit crimes.

    Rehabilitation is an approach that attempts to resocialize criminals. Most prisons have programs aimed at giving prisoners both social and work skills that will help them adjust to normal society after their release.

15. Thirty to sixty percent of those released from penal institutions are sent back to prison in two to five years. This return to criminal behavior, called recidivism, makes it seem unlikely that prison rehabilitation programs are working.

Vocabulary Quiz

1. False—primary deviance
2. True
3. False—deviant
4. False—rehabilitation
5. True
6. True
7. False—retribution
8. True
9. False—social sanction
10. False—secondary deviance
11. True
12. False—victim discounting
13. False—recidivism

Review Quiz

True or False

1. F. Functionalism states that deviance may have a negative or positive impact on society.
2. T
3. F. The weaker a person's attachment to a group, the less likely he or she will conform to the group's standards of behavior.
4. F. Suffragettes marching for the right to vote in the early 1900s were seen as deviant despite the fact that their cause was moral and just; their behavior led to positive social change.
5. T

Multiple Choice

6. T
7. b
8. a
9. b
10. b

Short Answer

11. Internalizing a norm refers to making it part of your own belief system so that you will automatically follow it. Answers to the second part of the question will vary.

12. Answers will vary. Virtually all teenagers have engaged in some type of deviant behavior. It is a way of establishing independence from parents and other authority figures.

13. Answers will vary. Rules concerning how many days can be missed during a semester, skipping school without permission, dress codes, and codes concerning classroom and hallway behavior would all be examples.

CHAPTER 8

Learning Goals Outline

1. The pigs' takeover of the barnyard mocks the tendency of humans to form ranks.

2. Social stratification is the creation of layers (or strata) of people who possess unequal shares of scarce resources. Each of the layers in a stratification system is a social class—a segment of a population whose members hold similar amounts of scarce resources and share values, norms, and an identifiable lifestyle.

3. The three dimensions of stratification are: economics, power, and prestige. Karl Marx believed that control of the economy gave capitalists control over the legal, educational, and government systems as well. For Marx, the economy determines the nature of society. (Income inequality in the United States exists and is growing.)

   According to Marx, those who own and control capital have the power in a society. Weber argued that while having money certainly helps, economic success and power do not necessarily overlap. Money and ownership, expert knowledge, fame, and social position may all bring power.

   Prestige must be voluntarily given, not claimed. The social positions that are considered the most important, or are valued the most highly, have the most prestige. Wealth and power usually determine prestige, but that is not always the case.

4. According to the functionalist theory of stratification, the most qualified people fill the most important positions. These qualified people perform their tasks competently and are rewarded for their efforts. Society uses special monetary rewards and prestige to encourage people to make the sacrifices necessary to obtain jobs involving special talents and training.

5. According to the conflict theory of stratification, inequality exists because some people are willing to exploit others. Stratification, from this perspective, is based on force rather than on voluntary agreement, and it occurs through the struggle for scarce resources.

6. According to symbolic interactionism, American children are taught that a person's social class is the result of talent and effort. Those on top have worked hard and used their abilities; those on the bottom lack the talent or motivation to succeed. People's self-concepts help preserve the status quo.

7. The upper class includes only 1 percent of the population. Members of the upper-upper class, or "aristocracy," represent the old-money families whose names appear in high society. Basis for membership is blood rather than achievement. Parents send their children to the best private schools and universities. People seldom marry outside their class.

   Lower-upper class members include those who are wealthy because of achievement and earned income rather than birth and inherited wealth. Though they may be better off financially than members of the upper-upper class, they are often not accepted into exclusive social circles.

8. About 40 to 50 percent of Americans are in the middle class. The upper-middle class (14 percent) is composed of those who have been successful in business, professions, politics, and the military. Members earn enough to live well and to save money. Though they don't have national or international power, they tend to be active in voluntary and political organizations in their communities. The middle-middle class (30 percent) has an income level does not permit them to live as well as the upper-middle class.

9. The working class (often referred to as the lower-middle class) is the largest segment of society. It comprises almost one-third of the population. Members of the working class have below-average income and unstable employment. They generally lack medical insurance and retirement benefits. Outside of union activities, members have little opportunity to exercise power or participate in organizations.

10. The working poor (13 percent) are people employed in low-skill jobs with the lowest pay. Lacking steady employment, the working poor do not earn enough to rise above the poverty line. They tend not to belong to organizations or to participate in the political process.

11. The underclass (12 percent) is composed of people who are usually unemployed and who come from families with a history of unemployment for

generations. They either work part-time menial jobs or are on public assistance. The most common shared characteristic is a lack of skills to obtain jobs that pay enough to meet basic needs.

12. Absolute poverty is the absence of enough money to secure life's necessities. (It is possible to have the things required to remain alive and still be poor.) We measure relative poverty by comparing the economic conditions of those at the bottom of a society with the economic conditions of other members of that society. According to this measure, the definition of poverty can vary.

13. Historically, the U.S. government has measured poverty by setting an annual income level and considering people poor if their income is below that level. According to the U.S. Census Bureau, the poor comprise about 13 percent of the American population, or more than 32 million people.

14. Horizontal mobility involves changing from one occupation to another at the same social-class level, while vertical mobility involves a move upward or downward in occupational status or social class. In the U.S., considerable upward mobility has occurred, but great leaps in social-class level are rare. Upward mobility typically involves a small improvement over the social-class situation of one's parents.

15. Because of a loss of higher-paying manufacturing jobs, U.S. workers who lack the education to perform the new, more technologically sophisticated jobs are being forced to take lower-paying jobs. Compared to their parents, more U.S. workers are experiencing downward mobility. The consequences may include lowered self-esteem, despair, depression, feelings of powerlessness, and the loss of a sense of honor.

Vocabulary Quiz

1. wealth
2. horizontal mobility
3. prestige
4. working poor
5. vertical mobility
6. false consciousness
7. intergenerational mobility
8. social class
9. social mobility
10. caste system
11. social stratification
12. bourgeoisie

ANSWER: working class

Review Quiz

Matching

1. c
2. b
3. a
4. a
5. d
6. f
7. e

Multiple Choice

8. b
9. d
10. a

Short Answer

11. Answers will vary. Being born into a family where people are unemployed is a strong factor. Having a physical disability or a mental illness or being a single mother increases the likelihood of being part of the underclass. Nonwhites, such as blacks and Latinos, are more likely than whites to be part of this group.

12. Answers will vary. To a large extent, a person's response might depend on his or her position in the caste system, although Americans tend to think caste systems are fundamentally unfair. Having no hope for improving your lot in life can be very discouraging. On the other hand, people do not have the same pressures to work hard and succeed as Americans do.

13. The feminization of poverty refers to the fact that the portion of female-led households that are below the poverty level has increased since 1960.

CHAPTER 9

Learning Goals Outline

1. A minority is a group of people who, because of their physical or cultural characteristics, are singled out from the others in the society in which they live for differential and unequal treatment, and who therefore regard themselves as objects of collective discrimination. Minority carries with it the exclusion from full participation in the life of society.

2. The key features of a minority are:
   1) distinctive physical or cultural characteristics that can be used to separate it from the majority,
   2) domination by the majority
   3) traits labeled by the majority as inferior
   4) a common sense of identity, with strong group loyalty
   5) ascribed status

3. Biologists use characteristics such as skin color, hair color, hair texture, facial features, head form, eye color, and height to determine race. Sociologists consider racial classifications arbitrary and misleading. For students of sociology, social attitudes and characteristics that relate to race are more important than superficial physical differences.

4. An ethnic minority is a subculture defined by its own language, religion, values, beliefs, norms, and customs; these characteristics are related to culture or nationality. It is part of the larger culture, but it is also separate from the larger culture. The separation may continue because the ethnic minority wishes to maintain its cultural and national origins or because the majority erects barriers that prevent the ethnic group from blending in with the larger culture.

5. Assimilation refers to the blending or fusing of minority groups into the dominant society. When a racial or ethnic minority is integrated into a society, its members are given full participation in all aspects of the society. Assimilation has taken several forms in the United States: anglo-conformity, in which traditional American institutions are maintained; melting pot, in which all ethnic and racial minorities voluntarily blend together; cultural pluralism, the idea of a "tossed salad" in which traditions and cultures exist side by side; and accommodation, in which the minority maintains its own culturally unique way of life.

6. When minority groups are rejected by the dominant group, three basic patterns of conflict occur: genocide, the systematic effort to destroy an entire population; population transfer, in which a minority is forced either to move to a remote location or to leave entirely the territory controlled by the majority; and subjugation, in which a minority is denied equal access to the culture and lifestyle of the larger society.

7. Racism is an extreme form of prejudice because it not only involves judging people unfairly, it assumes that a person's own race or ethnic group is superior. Racists believe that discrimination or exclusion is morally justified because of their own natural superiority.

8. While prejudice involves holding biased opinions, discrimination involves treating people unequally. Prejudice doesn't always result in discrimination, but it often does.

9. A hate crime is a criminal act that is motivated by extreme prejudice. Hate crimes involve bias related to race, religion, sexual orientation, national origin, or ancestry.

10. Stereotypes are sometimes created to justify unethical behavior against minority groups. People who commit hate crimes have vocabularies filled with demeaning stereotypes that attempt to justify violence against the targets.

11. The social, political, educational, and economic costs to society are extremely high, and the safety and stability of the larger society are at risk due to periodic eruptions of violence between groups. However, functionalists identify an aspect to discrimination that is positive, for the majority. Functionalists recognize that by fostering prejudice, a dominant group can create a feeling of superiority over minority groups, thus strengthening its members' own self-concept.

12. According to conflict theory, a majority uses prejudice and discrimination as weapons of power to control a minority. The majority does this to increase its control over property, goods, and other resources. In the conflict view, despite being common targets, different minorities tend to view one another as competitors rather than as allies in their struggles against the majority.

13. According to the symbolic interactionist perspective, members of a society learn to be prejudiced as children. Symbolic interactionists point out that language itself can reflect prejudices. Symbolic interactionism also underlies the concept of the self-fulfilling prophecy—an expectation that leads to behavior that then causes the expectation to become a reality.

14. Though civil rights laws did stop many discriminatory practices, minorities in this country still suffer from what sociologists call institutionalized discrimination. This type of discrimination results from unfair practices that are part of the structure of society and that have grown out of traditional, accepted behaviors.

15. Discrimination in the United States has caused some ethnic and racial groups to lag behind the white majority in jobs, income, and education. Progress is being made, but gains remain fragile.

Vocabulary Quiz

1. minority
2. assimilated
3. discriminate
4. cultural pluralism
5. genocide
6. hate crime
7. institutionalized discrimination
8. race
9. self-fulfilling prophecy
10. stereotype
11. subjugation
12. hidden unemployment

Review Quiz

True or False

1. T
2. F. At each level of education, African American males earn less than white males.
3. T

4. F. There is no scientific evidence that connects any racial characteristic with innate superiority or inferiority.
5. T

Multiple Choice

6. d
7. c
8. b
9. a
10. d

Short Answer

11. In the class voting example, the term *minority* simply means the smaller group. When sociologists use this term, they are referring to a group that has distinctive physical and/or cultural characteristics that is dominated by another group.
12. Answers will vary. Many people believe that hate crimes should be punished more harshly than other crimes.
13. In the "melting pot" pattern, the minority group blends into the dominant group and loses its individual identity; whereas in the "tossed salad" pattern, it retains at least some of its cultural traditions.

CHAPTER 10

Learning Goals Outline

1. Sex refers to the biological distinction between male and female. Gender refers to the socially learned behaviors and expectations that are associated with the two sexes. Gender identity is an awareness of being masculine or feminine based on culture.
2. Like race and class, gender is a social category that establishes, in large measure, our life chances and directs our social relations with others. Sociologists distinguish sex and gender to emphasize that gender is a cultural, not a biological, phenomenon.
3. The differences in reproductive organs are important because they result in certain facts of life. Reproductive hormones influence development in both males and females throughout life. Recent research indicates that the brains of men and women are slightly different in structure, which may account for differences in emotional response and verbal processing. The fact that differences in social behavior between men and women appear in many cultures suggests to some people that they have a biological cause. Sociologists argue, however, that gender-related behavior is not primarily the result of biology; they look to culture for clues.
4. In her classic study of three primitive New Guinean peoples, anthropologist Margaret Mead demonstrated the influence of culture and socialization on gender role behavior. Mead concluded that human nature is sufficiently flexible to rule out biological determination of gender roles. In general, research on gender identity indicates that biological tendencies can be greatly influenced by culture and society.
5. According to functionalists, the division of responsibilities between males and females survived because historically it benefited human living. Today functionalists recognize that the traditional division of labor has created problems, or dysfunctions, for modern society.
6. According to conflict theory, it is to the advantage of men to prevent women from gaining access to political, economic, and social resources. If men can prevent women from developing their potential, they can maintain the status quo. Conflict theorists see traditional gender roles as outdated. Although these conventional roles may once have been appropriate, they are inappropriate for the industrial and postindustrial eras. According to conflict theorists, women have the right to pursue fields formerly reserved for men, whether or not it is "functional" for society.
7. Symbolic interactionists focus on how boys learn to act the way boys are expected to behave and girls learn to act as girls are expected to behave. Gender is acquired in large part from interaction with parents, teachers, and peers. In addition, gender concepts are taught through the mass media.
8. Parents are vitally important in gender socialization because they transfer values and attitudes regarding how boys and girls should behave. The learning of gender begins at birth and is well established by the time the child is two-and-a-half years old. Gender is taught through toys and clothes; physical handling; and assignment of chores.
9. Observation of preschool teachers reveals that many teachers encourage different behaviors from boys and girls. And this pattern continues in the elementary school years. Boys are taught to be academically assertive; girls are taught to act like ladies and be quiet. In junior high and high school, other areas where gender socialization is concentrated include clothing styles, school elections, social functions, and after-school activities.
10. Adolescents want to be liked, so acceptance or rejection by peers greatly influences their self-concepts. Peer group pressure encourages teenagers to try to conform to idealized role models. To do otherwise is to risk rejection and a significant loss of self-esteem.
11. Although great progress has been made, women today are still subject to prejudice and discrimination. This imbalance of power is seen most clearly in the areas of labor, economics, law, and politics. Some segments of American society

now have more positive attitudes about women, but a careful examination reveals many gaps in social rights, privileges, and rewards for women in the United States.

12. According to functionalists, elderly people in a given society are treated according to the role the aged play in that society. In many societies, ageism is not an issue. Elderly people in many cultures are treated with great respect and honor. Attitudes about aging changed greatly as industrialization changed the nature of work. In a technical society, an adult's value lessens when he or she no longer contributes fully to the common good. Thus, aging tends to lead to lower status.

13. Competition over scarce resources lies at the heart of ageism from the conflict perspective. Elderly people compete with other age groups for economic resources, power, and prestige. According to conflict theory, prejudice and discrimination are used by the dominant group as weapons in the control of minority groups. If older people can be negatively stereotyped and forced to retire from the labor market, more jobs are available for younger workers.

14. According to symbolic interactionists, children learn negative images of older people just as they learn other aspects of culture. Through the process of socialization, stereotypes of elderly people are often firmly implanted into a child's view of the world.

15. In summary, elderly people are better off than they were in 1960. Despite this improvement, large segments of Americans over sixty-five years of age live either in poverty or near poverty. This is especially true for elderly members of racial and ethnic minorities and for elderly women. Any power held by elderly people is gained through the political process, but a lack of unity weakens their political clout. (Older people cut across many divisions in American society—social class, ethnicity, race, geographic area, and religion.) Special interest groups that target ageism have been effective in protecting programs that benefit older Americans, such as Medicare and Social Security.

Vocabulary Quiz

1. the classification of individuals as male or female based on biological characteristics
2. those beliefs, attitudes, values, etc., that are used to justify sexual inequality
3. those beliefs, attitudes, values, etc., that are used to justify age-based prejudices and discrimination
4. a sense of being either male or female based on values learned from the culture
5. the principal that states behavioral differences are the result of inherited physical characteristics, such as being male or female
6. the concentration of women in jobs that are of relatively low status

7. the increase in the number of women living at or near the poverty level

Review Quiz

True or False

1. F. The belief that behavioral differences between boys and girls are the result of biological characteristics lacks scientific proof.
2. F. Women are considered a minority group because they have physical and cultural traits different from those of the dominant group in society.
3. F. In most schools, boys and girls receive differential treatment.
4. F. The earnings gap between men and women persists, regardless of educational attainment.
5. F. Because the percentage of older people in the U.S. is increasing, ageism is becoming more common.

Multiple Choice

6. a
7. c
8. a
9. d
10. c

Short Answer

11. Traditional female tasks such as child care, housekeeping, etc., are not valued by society and, therefore, are typically low paying.
12. Answers will vary. Many of these children, even when their mothers work full time, live in poverty or near poverty. This means that they are more likely to live in substandard housing and go to less desirable schools. In addition, it shows the children that society does not value the work of women as highly as that of men.

CHAPTER 11

Learning Goals Outline

1. The family we are born into is the family of orientation. It provides children with a name, an identity, and a heritage. It orients the children to their neighborhood, community, and society and locates them in the world. The family of procreation is established upon marriage. The marriage ceremony signifies that it is legal for a couple to have offspring and to give the children a family name. The family of procreation becomes the family of orientation for the children created from the marriage.

2. The nuclear family is the smallest group of individuals that can be called a family. It is composed of a parent or parents and children. The extended family consists of two or more adult

generations of the same family whose members share economic resources and live in the same household. Extended families may contain grandparents, children, grandchildren, aunts, uncles, and so forth.

3. The three arrangements used to determine who becomes head of the family (to trace descent) and who owns the family property (for inheritance) are patrilineal, passed from the father to male descendants; matrilineal, transmitted from the mother to female descendants; and bilateral, passed equally through both parents.

4. In a patriarchy, the oldest man living in the household has authority over the rest of the family members; in its purest form, the father is the absolute ruler. In a matriarchy, the oldest woman living in the household holds the authority; controversy exists over whether any society has ever had a genuinely matriarchal family structure. With equalitarian control, authority is split evenly between husband and wife; many families in the United States follow this pattern.

5. In the neolocal pattern, if finances allow, married couples establish residences of their own. This is the Euro-American model. The patrilocal pattern calls for living with or near the husband's parents. Residing with or near the wife's parents is expected under a matrilocal pattern.

6. Monogamy—the marriage of one man to only one woman at a time—is the most widely practiced form of marriage in the world today. It is the only form of marriage that is legally acceptable in the United States and in most other societies. Some may practice serial monogamy—having several husbands or wives, but being married to only one at a time. Polygamy is the marriage of a man or woman to more than one person at a time. It takes two forms: polygyny and polyandry. Polygyny is the marriage of one man to two or more women at the same time. Although common in earlier societies, it is not practiced widely in any society today. Polyandry—the marriage of one woman to two or more men at the same time—is an even rarer form of marriage. Where polyandry has existed, it usually has consisted of several brothers sharing a wife.

7. All cultures and societies, including the United States, have norms regarding who may marry whom. Exogamy refers to mate-selection norms requiring individuals to marry someone outside their kind or group. The most important norms relating to exogamy are called incest taboos, which forbid marriage between certain kinds of relatives. Endogamy involves mate-selection norms that require individuals to marry within their own kind. In the United States, norms have required that marriage partners be of the same race. These norms are not as strong as they once were. Also, class lines are crossed with greater frequency, and norms separating age groups have weakened. The tendency for people to marry those with social characteristics similar to their own, resulting from the free exercise of personal choice, is known as homogamy. Although it is still the exception in the U.S., heterogamy is rising. In heterogamous marriages, partners are dissimilar in some important characteristic, such as age, race, social class, or ethnicity. More and more American marriages are crossing traditional barriers.

8. Functionalism emphasizes the benefits of the family for society. The family plays many roles, including socializing the young, providing social and emotional support, reproduction, regulating sexual activity, transmitting social status, and serving as an economic center.

9. Conflict theorists focus on how family members compete and cooperate. According to conflict theorists, males are dominant and in control; females have traditionally been expected to be submissive helpers. With men having control over the money, wives and mothers are kept in a dependent and powerless role. Attempts by women to gain more power within the family structure can result in conflict. Feminists believe that family structure is the source of the inequality between men and women in society.

10. Symbolic interactionism studies how the family socializes children and promotes the development of self-concept. According to symbolic interactionism, a key to understanding behavior within the family lies in the interactions among family members and the meanings that members assign to these interactions. As family members share meanings and feelings, children develop self-concepts and learn to put themselves mentally in the place of others. Interactions with adults help children acquire human personality and social characteristics.

11. There are more similarities than differences among American families. Families are nuclear, consisting of a set of parents and their children. Families are bilateral, tracing lineage and passing inheritance equally through both parents. Families are democratic, with partners sharing decision making equally. Families are neolocal, meaning each family lives apart from other families. Families are monogamous, including only one husband and one wife at a time.

12. Except for a peak and decline after World War II, the divorce rate in the U.S. increased slowly between 1860 and the early 1960s. A dramatic increase occurred over the next twenty years, when the divorce rate more than doubled (from 2.2 percent in 1960 to 5.3 percent in 1981). Since then, the rate has leveled off. In fact, it has declined slightly since 1985.

13. Both personal and societal factors influence why people divorce. At the individual level, these factors include the age of the people when they married (the older the age upon marriage, the lower the chance of divorce); how many years the partners have been married (the longer the marriage, the lower the chance of divorce); and the nature and quality of the relationship (the more respect and flexibility, the lower the chance of divorce).

Four main factors in society affect marriages. First, the divorce rate rises during economic prosperity and goes down when times are hard. Secondly, the rise in the divorce rate after 1960 followed the growing up of the baby-boom generation, a group that did not stigmatize divorce the way earlier generations had. Thirdly, the increasing financial independence of women means they are more willing to end bad marriages. Finally, American values and attitudes about marriage and divorce are changing; society is much more forgiving of divorce and remarriage.

14. The recent decline in the U.S. divorce rate may continue, for several reasons. The average age at first marriage in the U.S. is increasing. The average age of the population in the U.S. is increasing; baby boomers now range in age from the mid-thirties to the early fifties, which removes them from the age bracket that produces the highest divorce rates. American couples are having fewer children, spaced farther apart; this reduces pressure on marriages.

15. Americans have traditionally denied the existence of widespread violence in the family setting. In the past, violent behavior has mistakenly been associated mostly with lower-class families. We are learning that domestic violence occurs at all class levels. Family violence affects all members of the family—children, spouses, and older people. Types of abuse may include physical violence, sexual abuse, economic manipulation, and verbal and psychological abuse. Reported child sexual abuse has skyrocketed in recent years. At least four million women are battered by their husbands annually. Also, many children and elderly people suffer from neglect, a condition of being ignored rather than abused. Probably the most frequent and most tolerated violence in the family occurs between children—sibling violence appears to be prevalent and on the rise.

16. Many new patterns of marriage and family living have emerged in the United States.

Blended families: A blended family is formed when at least one of the partners in a marriage has been married before and has a child or children from the previous marriage. This type of family can become extremely complicated, creating a new type of extended family that is not based strictly on blood relationships.

Single-parent families: The greater proportion of single-parent families are headed by women. Single working parents must struggle to provide their children with the time, attention, and guidance that two parents can give.

Childless marriages: Around 19 percent of American women who have ever been married do not have children, compared with about 15 percent in 1970. Research shows that couples who by choice have no children appear to be happier and more satisfied with their marriages and lives than couples with children.

Duel-employed marriages: In families where both parents work outside the home, special strains are put on the marriage; however, there are advantages as well.

Cohabitation: Living together has risen among people of all ages and marital statuses, particularly among the young and the divorced. By 1997, about 80 percent of all unmarried-couple households were maintained by someone under 45 years of age and about one-third involved at least one child under fifteen.

Same-sex domestic partners: The number of homosexuals cohabiting is increasing despite the fact that homosexual "marriages" are not recognized by law in any state in the union.

Single life: More Americans are opting out of marriage for the single life. The stigma of remaining single has faded over the past two decades. More single Americans are choosing to remain unmarried and are pursuing careers or raising children from a former marriage.

Boomerang kids: Increasing numbers of adult children are living with their parents. Boomerang kids either leave home and return, or stay at home and live with parents.

17. In spite of many new family arrangements, the traditional nuclear family is not going to be replaced on a broad scale. Most Americans are not avoiding marriage permanently, they are simply postponing it or sampling it more often. So-called traditional households account for less than one-fourth of all American households. Continued increases are expected for other family lifestyles. Whatever else happens, the trend toward more working parents is likely to continue. This trend promises increased strain for parents, children, and society.

Vocabulary Quiz

1. True
2. True
3. False—extended family
4. True
5. False—family
6. False—monogamy
7. True

8. False—neolocal
9. False—exogamy
10. False—homogamy
11. False—bilateral
12. False—blended family
13. True
14. False—cohabitation

Review Quiz

True or False

1. T
2. T
3. T
4. F. The most common form of marriage is monogamy.
5. F. An equalitarian family is one in which the husband and wife have an equal say in family decisions.

Multiple Choice

6. a
7. c
8. a
9. c
10. b

Short Answer

11. Serial monogamy occurs when individuals are married to one person at a time but repeatedly divorce their partner and marry another person.
12. Answers will vary, but the student should provide reasons for any response given.
13. Answers will vary. In societies where there are more women than men (for example, after large numbers of men have been killed in a war), it can increase the chances of a woman's getting married, which, in traditional societies, provided social and economic stability for the woman. In addition, the tasks of housework and child care can be shared. Problems that might occur include jealousy among wives, unequal treatment of offspring, problems with inheritance, etc.

CHAPTER 12

Learning Goals Outline

1. In the factory model of education, schools are the factories; teachers are the industrial managers; and students are the raw materials to be processed.
2. Advantages of the bureaucratic model of education include the specialization of professional educators; efficiency of educating large numbers of students; and standardization of instruction, which allows students to transfer between schools. Critics claim that school's bureaucratic nature is unable to respond to the expressive, creative, and emotional needs of all children.
3. The open classroom is a nonbureaucratic approach to education based on democratic relationships, flexibility, and noncompetitiveness. Educators avoid the sharp authoritarian line traditionally drawn between teachers and students. The open classroom drops the idea that all children of a given age should follow a standardized curriculum. On the belief that competition is not a good motivator for children, the open classroom abandons the use of report cards based on comparison of student performance.
4. Cooperative learning is a nonbureaucratic classroom structure in which students study in groups, with teachers as guides rather than as the controlling agents. Cooperative learning, with its accent on teamwork rather than individual performance, is supposed to encourage students to concentrate more on the process of getting results than on how their performance compares with that of other students. Cooperation replaces competition.
5. Some documented benefits of cooperative learning include reduced uncooperativeness and stress among students, increased academic performance, more positive student attitudes toward school, decreased racial and ethnic antagonism, and increased self-esteem.
6. The integrative curriculum is created by students and teachers working together, not predetermined as in the traditional classroom. The democratic nature of the integrative curriculum makes students and teachers collaborators. Subject matter is selected and organized around real-world themes. Different units of study engage students in varying ways, recognizing the variety of learning styles, interests, and abilities of all students in a classroom.
7. The educational wake-up call issued by the National Commission on Excellence in Education resulted in the emergence of the back-to-basics movement. This movement attempted to reinstate a traditional curriculum ("reading, writing, and arithmetic") based on more bureaucratic methods.
8. The school choice movement promotes the idea that the best way to improve schools is by using the free enterprise model and creating some competition for the public school system. Supporters of school choice believe that parents and students should be able to select the school that best fits their needs and provides the greatest educational benefit.
9. A voucher system makes the money spent per child on public education available to families to use for public, private, or religious schools. Parents who choose public school pay nothing, just as in the

current system. Parents who choose a religious or other private school have the tuition paid up to the amount of the government voucher and then make up the difference (if any). For-profit schools are supported by government funds but run by private companies.

10. Charter schools are publicly-funded schools operated like private schools by public-school teachers and administrators. Freed of answering to local school boards, charter schools have the latitude to use nontraditional or traditional teaching methods and to shape their own curricula. Magnet schools are public schools that attempt to achieve high standards by specializing in a certain area. Magnet schools are designed to enhance school quality and to promote desegregation.

11. Functionalists see the emergence of the educational institution as a response to society's needs. Schools perform several vital functions in modern society. The manifest functions of education include the teaching of basic academic skills such as reading, writing, and mathematics. Latent functions include the transmission of culture, creation of a common identity, selection and screening of talent, and promotion of personal growth and development.

12. In theory, America is a meritocracy in which social status is achieved. Proponents of the conflict perspective identify flaws in this model by pointing to inequality in our schools. The education system favors the wealthy. Schools in wealthy neighborhoods are significantly better than schools in economically disadvantaged areas. Because the majority of students in poorer schools are members of racial and ethnic minorities, they find it more difficult to obtain higher-level jobs that lead to higher incomes.

13. Educational equality involves the effects of schooling. Equality exists when schooling produces the same results, in terms of achievement and attitudes, for lower-class and minority children as it does for less disadvantaged children. Research has shown that even the best teachers often evaluate students on the basis of their social class and their racial and ethnic characteristics. Researchers report that social class and race heavily influence student placement in college preparatory, vocational, or basic tracks regardless of their intelligence or past academic achievement.

14. Desegregated classrooms with an atmosphere of respect and acceptance improve academic performance. Minority students who attend desegregated public schools get better jobs and earn higher incomes than minority students who attend segregated schools. Special compensatory programs provided during early childhood appear to improve the school achievement of disadvantaged children.

15. Symbolic interactionists emphasize the socialization that occurs in schools. Through the hidden curriculum, children are taught values, norms, beliefs, and attitudes. Much of this socialization helps young people make the transition from home to the larger society. The school provides systematic practice for children to operate independently while in the pursuit of personal and academic achievement.

Vocabulary Quiz

1. h
2. d
3. m
4. b
5. f
6. k
7. a
8. j
9. i
10. c
11. e
12. g
13. l

Review Quiz

True or False

1. F. The humanistic movement, including the open classroom, has proven to be an influential forerunner of classroom reform.
2. T
3. T
4. T
5. F. Magnet schools and charter schools are less bureaucratic than traditional schools.

Multiple Choice

6. a
7. b
8. c
9. c

Short Answer

10. Answers will vary but might include that open classrooms are more democratic, flexible, and noncompetitive. They do not have standardized curricula or report cards.
11. Answers will vary. The voucher system allows parents to select the school they believe will be best for their child. However, some people think it will lead to even poorer-quality public schools and lower-class families may not be able to afford the additional tuition required by the better private schools.
12. When students are tracked, expectations for their academic and vocational futures are assigned to them. Because of this, teachers (and others) may have preconceived notions concerning how well the students will perform academically.

CHAPTER 13

Learning Goals Outline

1. Power, as defined by Max Weber, is the ability to control the behavior of others, even against their will. Coercion is the use of power to control through force. In cases of coercion, victims do not believe the use of power is right, are resentful, and want to fight back. Authority, on the other hand, is power accepted as legitimate by those subject to it.

2. Weber identified three forms of authority. Charismatic authority arises from a leader's personal characteristics. Charismatic leaders can lead because of the power or strength of their personalities or the feelings of trust they inspire. With traditional authority, the legitimacy of a leader is rooted in custom. Historically, tradition provided more stability than charismatic authority. In a system of rational-legal authority, power resides in the offices rather than in the officials. Those who hold government offices are expected to operate on the basis of specific rules and procedures that define and limit their rights and responsibilities. Power is assumed only when the individual occupies the office.

3. Democracy in its pure form involves all citizens in self-government. In a representative democracy, elected officials are responsible for fulfilling the wishes of the majority of citizens.

4. In totalitarianism, a ruler with absolute power attempts to control all aspects of a society. Characteristics of totalitarian states include a single political party, typically controlled by one person; a well-coordinated campaign of terror; total control of all means of communication; a monopoly over military resources; and a planned economy directed by a state bureaucracy. Authoritarianism refers to a political system controlled by nonelected rulers who usually permit some degree of individual freedom. Authoritarianism is a middle category between democracy and totalitarianism, although it is closer to totalitarianism than to democracy.

5. Voting is an important source of power for citizens because it enables them to remove incompetent, corrupt, or insensitive officials from office. It also allows them to influence leaders at the local, state, and national levels.

6. The major agents of political socialization are as follows:

   The family: The influence of the family is strong. Children learn political attitudes the same way they learn values and norms, by listening to everyday conversations and by watching the actions of other family members.

   Education: The level of education a person has influences his or her political knowledge and participation.

   Mass media: Television is the leading source of political and public affairs information for most people. It is clear that the mass media play an important role in shaping public opinion, but the extent of that role is unclear. Studies show that they have the greatest effect on people who have not yet formed an opinion about the issue being discussed.

   Economic status and occupation: Economic status clearly influences political views. Similarly, where you work affects how you vote.

   Age and gender: Young adults are a bit more liberal than older Americans on most issues. Women tend to be more liberal than men on certain issues.

7. According to pluralism, political decisions are the result of bargaining and compromise among special interest groups. No one group holds the majority of power. Rather, power is widely distributed throughout a society or community. In contrast, according to elitism, a community or society is controlled from the top by a few individuals or organizations. Power is concentrated in the hands of an elite group whose members have common interests and backgrounds. The masses are very weak politically.

8. Capitalism is an economic system founded on two basic premises: the sanctity of private property and the right of individuals to profit from their labors. Capitalists believe that individuals, not government, deserve to own and to control land, factories, raw materials, and the tools of production. They argue that private ownership benefits society. Capitalists also believe in free competition with minimum government interference.

9. A monopoly is a single company that controls a particular market, whereas an oligopoly is a combination of companies working together to control a market.

10. Socialism is an economic system founded on the belief that the means of production should be controlled by the people as a whole. The state, as the people's representative, should own and control property. Under a socialist system, the government directs and controls the economy. The state is expected to ensure all members of society a share in the monetary benefits. In theory, workers under socialism should profit because both the state and the workplace exist for their benefit. As a result, workers should be able to exert significant control over both their work organizations and the policy directions of the society as a whole.

11. Directorates interlock when the heads of corporations sit on one another's boards. Such directorates are legal for noncompeting corporations and can create a web of interlocks among already powerful corporations. Conglomerates are networks of unrelated businesses operating under a single

corporate umbrella, thus enhancing the political power of that corporation.

12. Multinational firms are based in highly industrialized societies with operating facilities throughout the world. Improvements in communication and transportation technology have allowed these companies to exert wide control over their global operations. There is disagreement about whether multinationals help or harm the economies of the developing nations where they have facilities.

13. Primary sector workers (producing goods from the natural environment) have declined from almost 40 percent in 1900 to about 2 percent today. Technological developments have permitted greater production with fewer workers in the secondary sector (manufacturing). Since World War II, the fastest-growing occupations in the secondary sector have been white-collar professionals. As relative growth in the proportion of workers in goods-producing jobs decreased, the demand for labor in the tertiary sector increased. Fueled by computer technology, the U.S. economy moved from a manufacturing base to a knowledge, or information, base. The current demand is for people who can manage information and deliver services.

14. Downwaging has meant that the U.S. economy has been losing higher-paying jobs and gaining lower-paying jobs. Consequently, the dual-employed married couple has become the norm. Since the 1970s, the majority of workers have been losing ground economically. Downsizing has reduced employment in core industries. Since 1985, it is estimated that four million people have lost their jobs to downsizing alone. Contingent employment gives people jobs on a part-time or short-term basis, usually with no vacation time, health insurance, or retirement benefits.

Vocabulary Quiz

1. corporation
2. authority
3. downsizing
4. oligopoly
5. elitism
6. power
7. multinational
8. core tier
9. primary sector
10. capitalism
11. totalitarianism
12. coercion

ANSWER: conglomerate

Review Quiz

True or False

1. F. The political and economic systems are so closely interrelated that it is very hard to think of them as separate.
2. T
3. F. Because of the growth of technology in the U.S., the tertiary sector of the economy is growing.
4. F. Pure democracy, in which everyone has a say in the government, is rarely seen.
5. T
6. T

Multiple Choice

7. c
8. a
9. c
10. a

Short Answer

11. Authority gives the government the ability to enforce rules and regulations, collect taxes, and perform other tasks necessary to create a stable society. Without stability, a government will collapse.
12. Answers will vary, but the student should specify particular reasons that he or she believes this person is charismatic.

CHAPTER 14

Learning Goals Outline

1. Emile Durkheim defined religion as a unified system of beliefs and practices concerned with sacred things.
2. For sociologists, profane things are the non-sacred aspects of life. Profane in this context does not mean unholy, it simply means commonplace and not involving the supernatural. Another word for profane is *secular*.
3. Durkheim believed that the essential function of religion was to provide, through sacred symbols, a mirror for members of society to see themselves. Sociologists have identified the following social functions of religion:
   • Religion gives formal approval to existing social arrangements. Religious doctrine and scripture legitimate the status quo. This is religion's central function.
   • Religion encourages a sense of unity. Religion is the glue that holds society together. However, in some cases, religion can cause social division.
   • Religion provides a sense of understanding. Religion provides meaning beyond day-to-day life.

- Religion promotes a sense of belonging. Membership in a religious organization provides a sense of community, thereby counteracting depersonalization, powerlessness, and rootlessness.

4. Marx, a major proponent of the conflict view of religion, believed that once people have created a unified system of sacred beliefs and practices, they act as if it were a binding force to which they must conform. Religion, Marx wrote, is used by the ruling class to justify its economic, political, and social advantages over the oppressed. Those in power justify poverty, degradation, and misery as God's will. Weber, however, suggested that religion sometimes encourages social change.

5. Weber made a connection between what he termed the *spirit of capitalism* and the *Protestant ethic*. With capitalism, work became a moral obligation rather than a mere necessity. Investment for the future was more important than immediate consumption. Weber called this the spirit of capitalism. Some Protestant sects had a cluster of values, norms, beliefs, and attitudes that favored the emergence of modern capitalism. They defined hard work as an obligation and demanded the reinvestment of capital for further profits. Weber referred to this stressing of the virtues of hard work, thrift, and self-discipline as the Protestant ethic.

6. Berger explored the idea that humans create a canopy, or cover, of symbolic meanings from their religious traditions to "lay" over the secular world. These otherworldly symbolic meanings are used to guide everyday social interactions. Religious beliefs, rituals, and ideas tell people the difference between the sacred and the profane and provide stability and security in a changing and uncertain existence.

7. To sociologists, a church is a life-encompassing religious organization to which all members of a society belong. This type of religious organization exists when religion and the state are closely intertwined. A denomination is one of several religious organizations that most members of a society accept as legitimate. Membership is voluntary, and competition among denominations for members is socially acceptable.

8. A sect is a religious organization formed when members of an existing religious organization break away in an attempt to reform the "parent" group. They see themselves not as establishing a new religious faith but as redeeming an existing one. Unlike a sect, a cult is a religious organization whose characteristics are not drawn from existing religious traditions within a society. We may think of cults as engaging in extreme and bizarre behavior, but they do not usually appear in such a form.

9. Religiosity refers to the types of religious attitudes and behavior people display in their everyday lives. Sociologists Glock and Stark identify five dimensions of religiosity: belief, ritual, intellect (knowledge), experience, and consequences.

10. Through the process of secularization, the sacred loses influence over society, or aspects of the sacred enter into the secular (profane) world of everyday life. Some findings indicate a decline in the importance of religion in the United States, but some recent research has found Americans today to still be highly committed to religion. In 1998, sociologist Theodore Caplow observed a trend toward greater involvement in religious affairs.

11. Fundamentalism is based on the desire to resist secularization and to adhere closely to traditional religious beliefs, rituals, and doctrines. Fundamentalist denominations have been growing. Several reasons for this growth have been proposed. Fundamental religion, with its absolute answers and promise of eternal life, provides a strong anchor in a confusing, bewildering world. Fundamentalist churches, by emphasizing warmth, love, and caring, provide solace to people who are witnessing and experiencing the weakening of family and community ties. Fundamentalist churches offer a more purely sacred environment, in contrast to main line denominations that fundamentalists see as accommodating to secular society.

12. Generally speaking, Presbyterians, Episcopalians, and Jews are at the top of the stratification structure. Below them are Lutherans, Catholics, and Methodists, followed by Baptists. The upper and lower classes express their beliefs in different ways. The upper classes display their religiosity through church membership, church attendance, and observance of ritual, whereas people in the lower classes more often pray privately and have emotional religious experiences.

13. Political affiliation is related to religion. Followers of the Jewish faith are particularly aligned with the Democratic Party, followed in strength of support by Catholics and Protestants. Protestants generally are more politically conservative than Catholics or Jews, and the Democratic Party is generally not associated with political conservatism in the United States today. The greatest support for the Republican Party is found among Episcopalians and Presbyterians. This is hardly surprising, because the upper classes are more likely to be identified with the Republican Party.

Vocabulary Quiz

1. Protestant ethic
2. religion
3. legitimate
4. cult
5. fundamentalism
6. denomination
7. religiosity
8. profane
9. secularization
10. sect
11. sacred

Review Quiz

True or False

1. F. A sect is a religious organization.
2. F. If an organization is considered a cult in one society, it will not necessarily be considered a cult in other societies.
3. T
4. T
5. F. Sociologists investigate the social aspects, not the validity, of religions.

Multiple Choice

6. a
7. d
8. a
9. a

Short Answer

10. Answers will vary. Most sociologists and economists believe that we are well-off today because our ancestors worked hard and reinvested their money in their businesses, thereby helping them to grow, rather than spending the money unnecessarily.
11. Answers will vary. People attach significance to an object because of what it reminds them of. To one person, a cross is just a decoration; to someone else, it is a reminder of the way in which Jesus Christ died and provided for that person's salvation.
12. Answers will vary. Laws often overlap with moral beliefs, so many religious people believe they must fight against legalizing those things they believe violate God's laws.

CHAPTER 15

Learning Goals Outline

1. For most people, sport consists of certain leisure activities, exercise, and spectator events. Sociologists define sport as a set of competitive activities in which winners and losers are determined by physical performance within a set of established rules.
2. Institutions fulfill certain basic needs and reflect the most important aspects of a society. As a social institution, sport teaches some of the basic values of society. It also promotes attachment to society. Members must feel that belonging to the society is an important part of who they are. Sport aids in this identification of self with society.
3. Sport's reflection of society is illustrated by the fact that males dominate the sports world just as they do many other aspects of American society. Sport also reflects American culture's emphasis on achievement. The prevailing American view of sport is the one expressed by late NFL coach Vince Lombardi: "Winning is not everything. It is the only thing."
4. A sport subculture is a group within a sport culture that has some of its own distinct roles, values, and norms. Sports subcultures are organized around a sport activity; beliefs vary widely. The expectations of coaches, teammates/participants, and fans cause sport subcultures to develop.

    For example, hockey players engage in a subculture of violence. Thoroughbred jockeys have developed a subculture emphasizing dignity, integrity, and coolness.
5. Functionalists tend to concentrate on the benefits of sport. They think sport is important primarily because it helps society work more smoothly. It does this by performing the following functions:
    - Sport teaches basic beliefs, norms, and values to ready us for adult roles.
    - Sport promotes a sense of social identification. Teams bind people to their community and nation.
    - Sport offers a safe release of aggressive feelings generated by the frustrations, anxieties, and strains of modern life.
    - Sport encourages the development of character. The hard work, discipline, and self-sacrifice demanded by team sports become part of one's value system.

    Functionalists have identified some drawbacks to sport. Because sport reflects society, it draws on achievement-oriented values that can be intensified to an extreme degree. When achievement and winning come to be seen as the primary goals of sport, any method of winning—including violence and cheating—may be encouraged.
6. To conflict theorists, sport is a social institution in which the most powerful oppress, manipulate, coerce, and exploit others. Conflict theorists highlight the ways in which sport mirrors the unequal distribution of power and money in society. They also emphasize the role of sport in maintaining inequality. The contribution of sport to character formation is questioned by conflict theorists. Among college athletes, the degree of sportsmanship apparently declines as athletes become more involved in the sports system. Coaches as well as players may be involved in misconduct.
7. Symbolic interactionism concentrates on personal meanings, social relationships, and self-identity processes. Symbolic interactionists are concerned with the symbols of sport. The meanings and interpretations of these symbols are important because they affect the self-concepts, as well as the social interactions, of those involved.
8. Participating in sport increases the likelihood of improving one's place in the stratification structure. Whatever sport they play, college athletes

tend to be better educated, earn more money, and have higher occupational prestige than their fathers. This is the very definition of upward social mobility. However, there is debate as to whether sport promotes upward mobility for minorities.

9. One sign of systematic racial discrimination shows up in what is called stacking. In stacking, players are assigned, on the basis of race or ethnicity, to less central positions. Historically, minorities have more often been assigned to positions requiring relatively little interaction and coordination with other players. Such discrimination has important economic consequences, because the positions occupied by most African Americans have high injury rates that cut careers short. Both salaries and pension benefits are reduced as a result. African Americans must perform better than whites to avoid pay discrimination. Also, minority former athletes profit much less than their white colleagues from personal appearances and commercial endorsements. They also lose out in sports-related careers when their playing days are over. At the professional level, there are few minorities represented in the power structure.

10. Gender definitions dating back at least as far as ancient Greece have survived. Their influence is felt in sport just as in other aspects of social life. Stereotypes have traditionally discouraged females from playing sports. The fear of being unfeminine discouraged many females from participating in athletics and tyrannized many of those who did. Sexism has denied females equal access to organized sports. Although Title IX increased equality for female athletes, it led to a decrease in the number of coaching and administrative positions held by women. Currently, the courts favor matching the ratio of males and females in a school's athletic programs to their proportionate numbers in the student body of that school. Women, though, are still denied equal access to the power structure of sport. Few women make it to the professional ranks and those who do earn significantly less than their male counterparts.

Vocabulary Quiz

1. A set of competitive activities in which winners and losers are determined by physical performance within a set of established rules.
2. A group within a culture that has some of its own distinct roles, values, and norms, and is organized around a sport activity.
3. A procedure in which players are assigned to less central positions based on race or ethnicity.

Review Quiz

True or False

1. T
2. T
3. T
4. F. Women hold about one-third of all administrative and one-fifth of all coaching positions in women's programs.
5. T

Multiple Choice

6. d
7. a
8. a
9. c

Short Answer

10. No, because while it is competitive and there are established rules, it is not physical.
11. Answers will vary. The student should discuss some of the characteristics of the chosen subculture.
12. Answers will vary, but the discussion should center on the views of each perspective.

CHAPTER 16

Learning Goals Outline

1. Sociologists study population because it affects social structure, especially in crowded areas. They look for patterns that will help them understand and predict how groups of people will behave.
2. Demographers use the crude birth rate (annual number of live births per thousand members of a population), the fertility rate (annual number of live births per thousand women aged fifteen to forty-four), and the total fertility rate (average number of children born to a woman during her lifetime) to measure fertility.
3. Fertility measures the actual number of children born to a woman or to a population of women. Fecundity is the potential number of children that could be born if every woman reproduced as often as biology allowed.
4. To analyze patterns of mortality, sociologists look at life span (the most advanced age to which humans can survive) and life expectancy (average number of years that persons in a given population born at a particular time can expect to live). Demographers use the crude death rate (annual number of deaths per thousand members of a population), age-specific death rates (number of deaths per thousand persons in specific age groups), and the infant mortality rate (number of deaths among infants under one year of age per thousand live births).

5. The infant mortality rate is considered a good indicator of the health status of a group because infants are the first to suffer from a lack of good medical care and sanitation. Infants in developing countries are almost eight times more likely to die before their first birthday than infants in developed nations.

6. Demographers use the gross migration rate (number of persons per thousand members of a population who enter or leave a geographic area in a given year) and the net migration rate (annual increase or decrease per thousand members of a population resulting from movement into and out of the population). Migration can occur within a country or between countries.

7. In linear growth, amounts increase arithmetically (1, 2, 3, 4, 5 . . .); in exponential growth, the amount of increase is greater each time period (2, 4, 8, 16, 32 . . .) even though the rate of increase remains the same. This is because each increase is added to the base amount and becomes part of the calculation for the next rise.

8. In 1798, Malthus described relationships between population growth and economic development. Malthus is most remembered for his dire predictions that overpopulation would result in famine and poverty, but he believed that such positive checks on population growth could be avoided through education of the poor. With education, he wrote, the poor would raise their standard of living and choose to have smaller families.

9. The demographic transition theory takes into consideration agricultural productivity and reliable methods of birth control.

10. After more than two hundred years of increase, the annual population growth rate is declining. The rate is projected to reach zero by the year 2100. Despite the reduction in the annual growth rate and birth rate, the world's population will continue to increase due to a time lag caused by the high proportion of young women of childbearing age in the world's population. Nearly seven billion people are expected to inhabit the globe by 2010. Then, throughout the first half of the twenty-first century, the annual growth rate is expected to decline until the world population stabilizes at about eleven billion people. At this point, the world will have reached zero population growth.

11. The first urban settlements were located in Mesopotamia and were established around 3500 B.C. The Mesopotamian region is among the world's most fertile areas; and at that time, its people were relatively advanced in agricultural technology. The farmers in this area were able to provide enough surplus food to feed people in the cities. Four types of people were attracted to cities: elites, functionaries, craftspeople, and the poor.

12. Beginning in the 1700s, the Industrial Revolution created major changes in transportation, agriculture, commerce, and industry. More people were free to leave rural areas and move into cities. The spread of factories had the effect of encouraging the growth of cities. Factories were built in the same area to share resources and transport; suppliers located their plants next to factories they would be supplying; and businesses attracted retailers, innkeepers, entertainers, and others offering services. The more services were offered, the more people were attracted, and the bigger the cities grew.

13. The term *overurbanization* describes a situation in which a city is unable to supply adequate jobs and housing for its inhabitants. Suburbanization occurs when central cities lose population to the surrounding areas.

14. Concentric zone theory describes urban growth in terms of circular areas that grow from the central city outward. The innermost circle is the central business district, the heart of the city. Next is the zone in transition, used for slum housing, warehouses, and marginal businesses that are unable to compete economically for space in the central business district. The invasion of business activities creates deterioration for the zone in transition. Surrounding the zone in transition are three zones devoted primarily to housing. The zone of workingmen's homes contains modest but stable neighborhoods populated largely by blue-collar workers. Next comes a residential zone containing mostly middle- and upper-class neighborhoods. Single-family dwellings dominate this zone, which is inhabited by managers, professionals, white-collar workers, and some well-paid factory workers. On the outskirts of the city, often outside the official city limits, is the commuter's zone, which contains upper-class and upper-middle-class suburbs.

Sector theory emphasizes the importance of transportation routes in the process of urban growth. Sectors tend to be pie-shaped, with wedges radiating from the central business district to the city's outskirts. Each sector is organized around a major transportation route. Because of the importance of transportation routes extending from the central business district, the boundaries of many cities form a star-like pattern rather than a uniformly circular shape, as in concentric zone theory.

Multiple nuclei theory focuses on specific geographic or historical influences. The theory states that a city may have several separate centers, some devoted to manufacturing, some to retail trade, some to residential use, and so on. These specialized centers can develop because of the availability of automobiles and highways. They reflect such factors as geography, history, and tradition.

Peripheral theory emphasizes the growth of suburbs around the central city. Many cities today no longer have a central city core to which other parts of the metropolitan area are oriented all of the time. Flexible means of transportation, highways, and new technologies (such as fax machines, cell phones, computers, and the Internet) are also loosening the ties of most parts of the city to the central city core. As a result, many cities are now oriented away from the older urban core. The dominant feature of the peripheral theory model is the growth of suburbs and edge cities around and away from the central cities.

Vocabulary Quiz

1. mortality
2. demographer
3. family planning
4. migrate
5. population pyramid
6. urbanization
7. population
8. suburbanization
9. infant mortality rate
10. dependency ratio
11. life expectancy
12. census
13. fecundity
14. city
15. zero population growth
16. fertility rate

Review Quiz

True or False

1. T
2. F. The less educated a woman is, the more children she is likely to have during her lifetime.
3. F. In the U.S. today, life expectancy is increasingly approaching life span.
4. T
5. T
6. T

Multiple Choice

7. b
8. a
9. c
10. b

Short Answer

11. Fertility measures the actual number of children born to a woman or a population of women, while fecundity is the potential number of children if every woman produced as often as biologically possible.
12. It refers to the fact that it takes time to slow down population growth. Because of the number of women of childbearing age, once couples begin having one- or two-child families, it still takes sixty or seventy years to reach zero population growth.
13. Technologies such as computers, fax machines, and the Internet allow workers to keep in touch with others no matter where they are. Highways make it possible to commute to work in cars.

CHAPTER 17

Learning Goals Outline

1. Three important social processes that contribute to social change are discovery (something is either learned or reinterpreted), invention (something new is created from items or processes that already exist), and diffusion (something is borrowed by one group from another).
2. The appearance of new technology is generally a sign that social change will soon follow. Technology is a prime promoter of social change. For example, the creation of the silicon chip, which led to the computer revolution, has brought about technological change at an astounding rate. It took more than a century for telephones to spread to 94 percent of the homes in the United States. In less than five years, however, the Internet reached about 30 percent of Americans. The changes that result from the use of computers are almost impossible to list.
3. Changing demographics are an important factor for creating social change. A classic example is the huge increase in the birth of babies following the return of American soldiers at the end of World War II (the so-called baby boom). Americans born between 1946 and 1964 caused the expansion of child health-care facilities and created the need for more teachers and schools in the 1950s and 1960s. Now, as America's population continues to age, problems of health care and Social Security loom large. Longer working hours, retraining programs, and reeducation for older people will probably become political issues for future elections. Already there are more extended-care homes, an increase in geriatric emphasis in medicine, and more television advertising and programming targeting the aging elderly population.
4. Interaction with the natural environment has transformed American life. Western movement from the thirteen colonies to the Pacific Ocean helped shape our cultural identity and values. Natural disasters have shaped historical events. For example, a long drought in the Midwest contributed to the Great Depression of the 1930s. The use of natural resources has also changed America. An OPEC oil embargo in the early 1970s led to economic inflation in the U.S., due to the country's natural short supply of oil. As a result,

Americans began driving smaller, more fuel-efficient cars.

5. A revolution involves the sudden and complete overthrow of an existing social or political order. Most revolutionaries expect that the revolution will bring about fundamental changes. However, a post-revolutionary society is eventually replaced by a society that looks much like the original one. Radical changes are rarely permanent because people tend to revert to more familiar customs and behaviors. In most cases, the new social order created by a successful revolution is likely to be a compromise between the new and the old.

   Wars break down barriers between societies, bringing people from different societies together (thereby creating social change through diffusion). This association leads to the adoption of new ways of thinking, feeling, and behaving. Wars also promote invention and discovery. The atomic bomb, synthetic rubber, and antibiotics, developed during World War II, contributed to a cultural revolution after the war. And America's culture, both during and after World War I, was imported by societies all over the world.

6. There are two functionalist theories of social change, both based on the concept of equilibrium. When used by sociologists, equilibrium describes a society's tendency to react to changes by making small adjustments to keep itself in a state of functioning and balance. A society in change, then, moves from stability to temporary instability and back to stability. Sociologists refer to this as a dynamic, or moving, equilibrium.

7. According to the conflict perspective, social change is the result of struggles among groups for scarce resources. Social change is created as these conflicts are resolved. In the view of sociologist Ralf Dahrendorf, the quest for power is the source of social change. Marx saw conflict between two opposing social classes, but Dahrendorf sees conflict among groups at all levels of society. Social change thus comes from a multitude of competing interest groups. These groups can be political, economic, religious, racial, ethnic, or gender-based. Society changes as power relationships among interest groups change.

8. According to symbolic interactionism, human beings interact with others on the basis of commonly shared symbols. As shared interpretations of the world decrease, social ties weaken and social interaction becomes more impersonal. The relationship between shared meanings and the nature of social interaction can be illustrated within the context of the change from an agricultural economy to an industrial one. Accompanying this shift is the emergence of urbanization and its distinctive way of life (urbanism).

9. Rumors and urban legends are collective behaviors characteristic of dispersed collectivities. A rumor is a widely circulating story of questionable truth. Rumors are usually spread by people about events or other people that are of great interest to them. The mass media exploit the public's fascination with rumors. Rumors are spread and believed, in part, because they touch on people's insecurities, uncertainties, and anxieties. Urban legends are moralistic tales passed along by people who swear the stories happened to acquaintances or to acquaintances of friends or family members. Like rumors, urban legends permit us to play out some of our hidden fears and guilt feelings by being shocked and horrified at others' misfortune.

10. Fads and fashions are both collective behaviors. A fad is an unusual behavior pattern that spreads rapidly, is embraced zealously, and then disappears after a short time. The widespread popularity of a fad rests largely on its novelty. Fads are adopted by a particular group, whereas fashions are much more widespread. A fashion is a behavior pattern that is widely approved but is expected to change periodically.

11. A casual crowd is the least organized, least emotional, and most temporary type of crowd. Although the people in a casual crowd share some point of interest, it is minor and fades quickly. A conventional crowd has a specific purpose and follows accepted norms for appropriate behavior. As in casual crowds, there is little interaction among members of conventional crowds. Expressive crowds have no significant or long-term purpose beyond unleashing emotion. Their members are collectively caught up in a dominating, all-encompassing mood of the moment. Free expression of emotion—yelling, crying, laughing, jumping—is the main characteristic of this type of crowd. Finally, a crowd that takes some action toward a target is an acting crowd. This type of crowd concentrates intensely on some objective and engages in an aggressive behavior to achieve it.

12. Contagion theory focuses on the spread of emotion in a crowd. As emotional intensity in the crowd increases, people temporarily lose their individuality to the "will" of the crowd. This makes it possible for a charismatic or manipulative leader to direct crowd behavior, at least initially. Le Bon (1895) thought that people in crowds were reduced to a nearly subhuman level. Blumer (1969) feels that the basic process in crowds is a "circular reaction"—people mutually stimulating one another.

13. Emergent norm theory stresses the similarity between daily social behavior and crowd behavior. In both situations, norms guide behavior, so even with crowds, rules develop. These rules are

emergent norms because the crowd participants are not aware of the rules until they finally find themselves in a particular situation. The norms develop on the spot as the crowd participants pick up cues for expected behavior

14. Both the contagion and emergent norm theories of crowd behavior assume that individuals are merely responding to those around them. In these cases, the independent variable in crowd behavior is the crowd itself. In contrast, in convergence theory, crowds are formed by people who deliberately congregate with others they know to be like-minded. According to convergence theory, the independent variable in crowd behavior is the desire of people with a common interest to come together.

15. A revolutionary movement attempts to change a society totally. A reformative movement aims to effect more limited changes in a society. A redemptive movement focuses on changing people completely. An alternative movement seeks only limited changes in people.

16. In the value-added process, each step in the creation of a product contributes, or adds value, to the final entity. Every stage in the value-added process is a necessary condition for the appropriate and effective condition of value in the next stage. Modeled on the value-added process, the value-added theory identifies six conditions that must exist in order for social movements to occur:
    • Structural conductiveness. The environment must be social-movement friendly.
    • Structural strains. Without some form of strain, there is no stimulus for change.
    • Generalized beliefs. Generalized beliefs include a general recognition that there is a problem and agreement that something should be done to fix it.
    • Precipitating factors. One or more significant events must occur to galvanize people into action.
    • Mobilization of participants for action. Once the first four conditions exist, the only remaining step is to get the people moving.
    • Ineffective social control. Actions of the media, police, courts, community leaders, and political officials can lead to the success or failure of a social movement. If the right kind of force is applied, a potential social movement may be prevented, even though the first five determinants are present. Efforts to control the situation may block the social movement, minimize its effects, or make matters worse.

17. Resource mobilization theory focuses on the process through which members of a social movement secure and use the resources needed to advance their cause. Resources include human skills such as leadership, organizational ability, and labor power as well as material goods such as money, property, and equipment.

Vocabulary Quiz

1. False—diffusion
2. True
3. False—discovery
4. False—mob
5. True
6. True
7. True
8. False—riot
9. False—revolutionary movement
10. True
11. True
12. True
13. False—social processes
14. False—reformative movement
15. False—value-added theory

Review Quiz

True or False

1. T
2. F. When many members of a society have adopted a new behavior, social change has taken place.
3. T
4. F. A major difference between mobs and riots is that mobs have a sense of common purpose while riots do not.
5. T

Multiple Choice

6. c
7. a
8. c
9. b

Short Answer

10. Answers will vary. Positive effects include that we are able to efficiently move resources such as food from one location to another. We can live farther from our jobs, possibly making it easier to live closer to family members, and we are free to travel over wide areas. On the other hand, car exhaust pollutes the environment and cars use up resources such as oil. We are frequently less connected to our community because we no longer have to work and shop where we live.
11. Answers will vary.
12. An alternative movement seeks to change people in a limited way, such as getting them to quit eating meat. A redemptive movement seeks to change people completely; religious cults are typically redemptive movements.